図解でわかる

棚卸資産の実務
いちばん最初に読む本

中小企業診断士
六角明雄

アニモ出版

はじめに

　「棚卸資産」は、製造業では事業として製造する「製品」のことであり、また、流通業においては事業として販売する「商品」のことであり、いずれの業種においても事業の対象となる重要な資産です。
　しかし、同時に、棚卸資産は販売されるまでの間、会社内で保有する資産であることから、その管理はどのように行なうべきか、また、評価額をどのように決めればよいのか、という課題も持ち合わせています。
　とはいえ、いずれの課題についても、事業を行なうにあたっては避けられないものであり、これらの課題にいかにして効率的に取り組むことができるかということが、事業の成否を分けるカギの1つになっていると私は考えています。
　そして、このような思いから、事業の改善に役立てていただくための棚卸資産管理の入門実務書として、主に中小企業経営者、経理担当者の方向けに、本書を上梓するに至りました。

　本書の大部分は会計に関して記述していますが、これは棚卸資産の管理は、その多くが数値と向き合うという側面を反映してのことです。
　棚卸資産は物理的に社内で保有しているものであり、それを数値の面から把握し、適切な経営判断や事業運営を行なうことが、棚卸資産管理のキモとなる部分であるということになります。
　そこで、本書では、棚卸資産管理から得られる数値を、単に会計的なものにとどめることなく、経営者の目線から有益な情報として活用するにはどうすればよいかという視点も盛り込んでいます。

　一方で、棚卸資産は会社の内部にあるという性質を悪用し、虚偽の財務報告を行なう、すなわち粉飾を行なうという事例がこれまで多く起きてきました。
　そのため、投資家（株主）や債権者（銀行など）は、棚卸資産の管理が適切に行なわれているか、ということについて大きな関心をもってい

ます。事業にあたる経営者として、これに適切に応えるためには、内部統制の考え方にもとづいて棚卸資産管理を実践することが大切であり、この観点からも棚卸資産管理を本書で学び、実践していただきたいと思います。

　なお、本書では、読者の方が会計に関する基本的な知識をもっているという前提で、会計に関する記述は棚卸資産に関するものに絞っています。本書で記述していない会計の知識については、拙著『図解でわかる小さな会社の経営に活かす会計　いちばん最初に読む本』をはじめとした会計に関する入門書で学んでいただきたいと思います。
　また、本書の主な内容は棚卸資産の管理実務ですが、これを事業戦略の面に広げて学びたいという方は、拙著『図解でわかる在庫管理　いちばん最初に読む本』をお読みいただき、さらに知識を深めていっていただきたいと思います。

　最後に、事業環境が年々複雑化するなかにあって、会社の効率的な事業運営に真摯に取り組もうとされている経営者、管理者の方に、本書が体系的な知識の習得の一助になることを願っております。

　　2016年4月　　　　　　　　　　　　　　　　　　　六角　明雄

本書の内容は、2016年4月20日現在の法令等にもとづいています。

図解でわかる棚卸資産の実務　いちばん最初に読む本

もくじ

はじめに

1章 そもそも「棚卸資産」とはどんな資産なのか

- **1-1** ················ 14
  棚卸資産の意義とは何か
- **1-2** ················ 16
  棚卸資産は利益の源泉である！
- **1-3** ················ 18
  棚卸資産の定義を理解しておこう
- **1-4** ················ 20
  棚卸資産の評価はどのように行なうのか
- **1-5** ················ 22
  棚卸資産はどのように管理するのか
- **1-6** ················ 24
  棚卸資産には内部統制が必要

知っとコラム　正味運転資金と棚卸資産管理　26

2章 棚卸資産に関する会計の取扱い

2−1 ……… 28
棚卸資産の範囲はどうなっているか

2−2 ……… 30
棚卸資産の保有目的は何か

2−3 ……… 32
棚卸資産に関する会計基準

2−4 ……… 34
工事契約会計基準とは何か

2−5 ……… 36
販売用不動産の取扱い

2−6 ……… 38
ソフトウェアの取扱い

2−7 ……… 40
商品、製品の取扱い

2−8 ……… 42
半製品、仕掛品の取扱い

2−9 ……… 44
材料、原料、貯蔵品の取扱い

2−10 ……… 46
副産物、連産品、作業くず、仕損品の取扱い

2−11 ……… 48
未着品、積送品の取扱い

知っとコラム　工事契約と収益の認識　50

3章 棚卸資産はどのように評価するのか

- **3-1** ……………………………………… 52
  棚卸資産の評価基準のあらまし
- **3-2** ……………………………………… 54
  「取得原価」の計算のしかた
- **3-3** ……………………………………… 56
  「付随費用」とはどんな費用をいうのか
- **3-4** ……………………………………… 58
  「時価」とは何か
- **3-5** ……………………………………… 60
  「正味売却価額」とは何か
- **3-6** ……………………………………… 62
  正味売却価額の評価のタイミング
- **3-7** ……………………………………… 64
  複数の市場があるときの売価の決め方
- **3-8** ……………………………………… 66
  評価額の切下げと費用計上
- **3-9** ……………………………………… 68
  低価法による場合の洗替え法と切放し法
- **3-10** ……………………………………… 70
  営業循環過程からはずれた棚卸資産
- **3-11** ……………………………………… 72
  正味売却価額がマイナスの場合の対応
- **3-12** ……………………………………… 74
  再調達原価を時価とするときは

■ 3-13 ··· 76
　評価額を切り下げるときの単位は？
■ 3-14 ··· 78
　棚卸資産の評価方法のあらまし
■ 3-15 ··· 80
　「個別法」による評価のしかた
■ 3-16 ··· 82
　「先入先出法」による評価のしかた
■ 3-17 ··· 84
　「平均原価法」による評価のしかた
■ 3-18 ··· 86
　「売価還元法」による評価のしかた
■ 3-19 ··· 88
　「最終仕入原価法」による評価のしかた
■ 3-20 ··· 90
　「売価還元低価法」による評価のしかた

知っとコラム　バリュー・チェーンと棚卸資産の価値　92

4章　棚卸資産の評価額に関係する原価計算のしくみ

■ 4-1 ·· 94
　そもそも原価計算とは何か
■ 4-2 ·· 96
　原価とは何か

4-3 ……98
賦課と配賦について知っておこう

4-4 ……100
個別原価計算と総合原価計算

4-5 ……102
総合原価計算の種類

4-6 ……104
実際原価計算と標準原価計算

4-7 ……106
標準原価計算と原価差異の発生

4-8 ……108
全部原価計算と直接原価計算

知っとコラム　ＡＢＣによる原価計算　110

5章　棚卸資産に関する税務の取扱い

5-1 ……112
税務上の「取得原価」とは

5-2 ……114
税務上の「原価差額」の取扱い

5-3 ……116
税務上の評価基準と評価方法

5-4 ……118
税務上の「時価」とは何か

5-5 ……120
税務上の評価の区分と洗替え

5−6 ……122
棚卸資産の評価損の処理のしかた

5−7 ……124
「中小指針」「中小要領」とは何か

5−8 ……126
中小指針と中小要領の相違点

知っとコラム 限界利益と貢献利益　128

6章 棚卸資産の管理のしかたと内部統制

6−1 ……130
棚卸資産管理に必要な内部統制

6−2 ……132
棚卸資産に関する内部統制

6−3 ……134
棚卸資産のプロセスにはさまざまなリスクがある

6−4 ……136
規程類の整備を行なう

6−5 ……138
棚卸資産に関する規程の体系

6−6 ……140
継続記録法と棚卸計算法

知っとコラム キャッシュフローと棚卸資産　142

7章 実地棚卸の効率のよいすすめ方

- **7-1** ········· 144
  実地棚卸はなぜ行なうのか
- **7-2** ········· 146
  実地棚卸によって利益が確定する
- **7-3** ········· 148
  実地棚卸で数量を確定させる
- **7-4** ········· 150
  実地棚卸の際に準備するもの
- **7-5** ········· 152
  実地棚卸を実施する際の注意点
- **7-6** ········· 154
  一斉棚卸と循環棚卸
- **7-7** ········· 156
  5SとSNPの活用

知っとコラム 資産の保全と内部統制　158

8章 棚卸資産に関する特殊な取扱い

- **8-1** ········· 160
  IFRSと棚卸資産会計基準との関係
- **8-2** ········· 162
  IFRSと棚卸資産会計基準の相違点

- **8-3** ················· 164
  トレーディング目的で保有する棚卸資産の取扱い
- **8-4** ················· 166
  工事契約に関する会計処理の注意点
- **8-5** ················· 168
  工事契約に関する税務の取扱い
- **8-6** ················· 170
  販売用不動産に関する会計処理の注意点
- **8-7** ················· 172
  販売用不動産の時価とは
- **8-8** ················· 174
  FOB、CRF、CIFとは何か
- **8-9** ················· 176
  貿易取引における棚卸資産の移転

知っとコラム 建設業の勘定科目　178

さくいん　179

カバーデザイン◎水野敬一
本文DTP&図版&イラスト◎伊藤加寿美(一企画)

1章

そもそも「棚卸資産」とはどんな資産なのか

まずは、棚卸資産の定義をしっかり理解しておきましょう。

1-1 棚卸資産の意義とは何か

棚卸資産が多い会社ほど利益を得る機会は増える

　事業を営むにあたって、**棚卸資産は重要である**と多くの人が認識していると思います。では、なぜ棚卸資産は重要なのでしょうか？

　簡単にいえば、「売るものがなければ儲けることができない」からです。俗っぽい表現をしましたが、いいかえれば「**事業を営む＝棚卸資産を保有する**」ということです。

　事業は、利益を得るために営むものであり、利益を得るには売るもの（＝棚卸資産）が必要になります。すなわち、一部の例外的な事業を除けば、事業を営むことは棚卸資産を保有するということであり、事業を営む会社は棚卸資産と向き合わざるを得ません。

　そして一般的に、棚卸資産が多い会社ほど利益を得る機会は増えます。というのは、詳細は後述しますが、棚卸資産の保有はリスクをともなうものの、このリスクの見返りとして利益を得ることができるからです。

　事業の側面の1つは、利益を得るための活動にともなうリスクを管理することであり、棚卸資産が注目される要因の1つは、この棚卸資産がリスク管理の対象となっているからといえるでしょう。

　さらに、棚卸資産は、経営者の観点からだけでなく、事業の現場の観点からも注目されています。そのうちの1つは、**棚卸資産をどのように評価するか**ということです。棚卸資産も会社の資産の一部なので、会計期間の最終日の時点での評価額を貸借対照表に計上します。しかし、棚卸資産は事業の一連の流れの中途にあるものもあり、その適切な評価をどのように行なえばよいかということは、事業の現場だけでなく、経営者や株主にとっても重要なことです。

　もう1つは、**棚卸資産の管理のしかた**です。事業を営むにあたっては、多種・多量の棚卸資産を取り扱わなければなりません。事業のしくみが年々複雑化・高度化するなかにあって、棚卸資産の管理や保全をどう効率化するかということも、事業の優劣に大きく影響します。

◎棚卸資産の定義と３つの課題◎

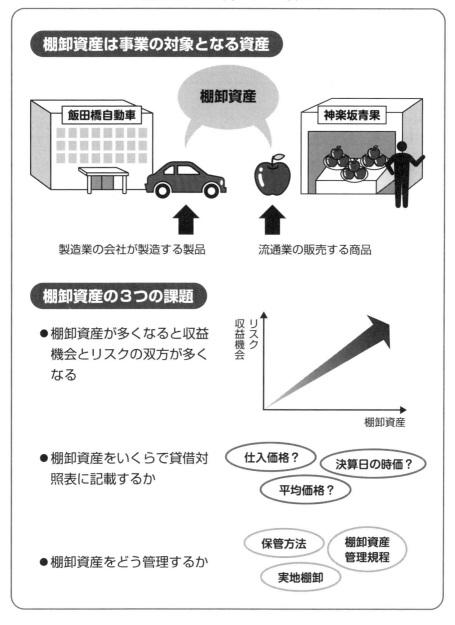

このように、棚卸資産にどう向かい合うかということは、事業を成功させるための大きな要素となっているのです。

1-2 棚卸資産は利益の源泉である！

棚卸資産の多さは収益性の高さを示すバロメーター

　会社は事業を行なうために、まず、出資金（株式会社では資本金）を募ったり、銀行などから融資を受けたりします。そして、その調達したお金は事業の目的である利益を得るために使われます。

　具体的には、販売するための商品の購入や、製造する製品の材料や部品を購入するといった、事業の対象となる資産の取得と、商品を販売するための店舗や、製品を製造する機械といった、事業を営むために必要な資産の取得のために使われます。前者のうちの一部が棚卸資産であり、後者は**固定資産**です。

　棚卸資産と固定資産のどちらも、事業にとっては必要な資産ですが、利益は棚卸資産が顧客へ販売されることによって得られるので、会社が持っている**棚卸資産は直接的に利益の源泉である**といえます。

　そして一般的に、この棚卸資産が多いほど会社が得られる利益も多くなります。ですから、事業においては多くの商品を仕入れたり、多くの製品を製造したりすることで、会社は多くの利益を得られることになります。このような観点からは、棚卸資産の多さは会社の収益性の高さを示すバロメーターの１つといえます。

棚卸資産が増えると売れ残りのリスクも高まる

　しかし、利益をたくさん得るには、単に多くの棚卸資産を持てばよいというわけではありません。自社の持つ商品や製品は、必ずしも販売できるとは限らず、棚卸資産が増加すれば売れ残りのリスクも高まります。棚卸資産の多さに比例して、棚卸資産を管理・保管するための費用や、商品・材料の購入代金にあてる資金調達のための金融費用も増加します。

　このように、棚卸資産は利益を得る機会とリスクが顕在化する可能性の相反する性質を持ち合わせています。

　経営者は、事業を行なうにあたって、このような棚卸資産の性質に対

◎棚卸資産は多ければよいというわけでもない◎

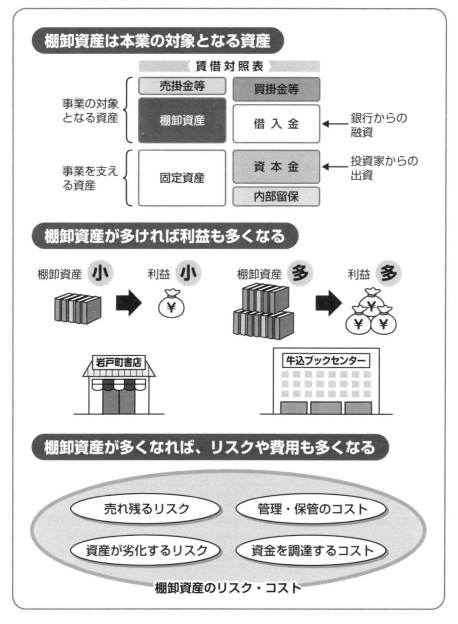

してどのように対処していくかということが最も重要な課題の1つであり、それへの対処法のよし悪しが経営者の手腕として評価されます。

1-3 棚卸資産の定義を理解しておこう

棚卸資産が何かということはイメージしやすい

「棚卸資産とは何か」という問いへの回答は難しいものではないでしょう。

前述したように、棚卸資産とは「事業の対象となる資産」のことで、貸借対照表にまさしく「棚卸資産」という科目で計上されています。これは、流通業では**商品**であり、製造業では**製品**、製品をつくるための**材料**、そして製造過程にある**仕掛品**などを指しており、多くの人がすぐにイメージできるでしょう。

このように、棚卸資産が何かということを理解するのは容易である一方で、その範囲については、比較的多くの注目を受けています。それは、棚卸資産と類似する資産や費用が比較的多いからです。すなわち、棚卸資産とそれ以外の資産や費用との区分は意外に難しいのです。

棚卸資産の定義はどうなっているか

それでは、具体的な棚卸資産の定義をみてみましょう。

日本で最も重視されている棚卸資産の定義の1つは、企業会計審議会の公表している「企業会計原則と関係諸法令との調整に関する連続意見書 第四 棚卸資産の評価について」(以下、「**連続意見書第四**」とします)に記載されている定義です。それを平易に記載したものを示すと、次のとおりです。

①事業において販売するために保有する製品・商品
②製造工程中にある仕掛品、製品の部品や材料
③製品・商品のために短期間に使われる消耗品
④間接部門で短期間に使われる消耗品

この定義をみただけでは、前述した棚卸資産の内容と同じものを指し

◎「連続意見書第四」による棚卸資産の定義◎

販売するための**製品・商品**

製造工程中の**部品や材料**

直接の事業に短期間に使われる**消耗品**

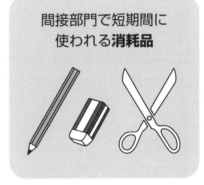

間接部門で短期間に使われる**消耗品**

ているように感じられるかもしれないので、具体例で説明しましょう。

①の「事業において販売するために保有する製品・商品」では、「事業において販売するために」がポイントです。たとえば、自動車販売会社では、販売するための自動車は棚卸資産ですが、従業員が仕事のために使う自動車は「車両運搬具」という有形固定資産です。

このように物理的には同じものでも、使う目的によって棚卸資産になったり有形固定資産になったりします。

この例からもわかるように、棚卸資産とその他の資産は判断をつけにくい状況にあり、棚卸資産の定義を正しく理解することはとても重要なのです。

1-4 棚卸資産の評価はどのように行なうのか

棚卸資産の価額はどのように決めたらよいか

　前項で、貸借対照表に計上する棚卸資産は何かということを例示しましたが、それに続いて明確にしなければならないことは、「棚卸資産の価額をどのように決めるか」ということです。

　棚卸資産は外部から購入しているので、そのときの代金をそのまま使えばよいのではないかと考えられます。しかし、現実にはなかなかそのようにはいきません。その主な理由としては、次のようなことが考えられます。

①多種多様の棚卸資産を保有している場合、その購入代金をすべて記録することは困難である。

②同じ棚卸資産どうしでも、購入したタイミングで購入額が異なっていたり、購入した時点の価額と貸借対照表に計上する日（＝決算日）の相場が異なっていたりする。

③製品を製造するために使った機械の燃料や工場の照明の電気料などの間接的な費用を、一定の規則に従って製品に配賦しなければならない。

④棚卸資産を紛失したり盗難にあったりしたときや、品質が劣化して評価額が下がったときに、一定の規則に従って処理しなければならない。

　これらの理由から、棚卸資産については、「評価基準」「評価方法」「評価単位」などが、「棚卸資産の評価に関する会計基準」などによって定められています。

　評価基準とは、購入した金額を基準とするのか、決算日の時価を基準とするのかというものです。評価方法は、棚卸資産を１つずつ評価するのか、会計期間中に購入した金額の平均額で評価するのかというものです。評価単位は、１つずつ評価するのか、いくつかの異なる棚卸資産とあわせて評価するのかというものです。これらについては、３章で詳しく説明します。

◎棚卸資産の評価に関する問題点◎

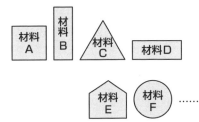

多種多様の棚卸資産の価格を
すべて記録することは困難

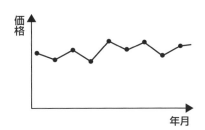

同じものでも購入したタイミングで
価格が異なる

燃料代や電気料をどのように
製品に配賦するか

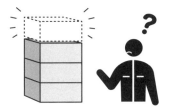

紛失した棚卸資産の処理を
どのように行なうのか

棚卸資産の評価のしかたは会計基準などで定められている

評価基準
どの金額を使うか

評価方法
個別法か平均法か

評価単位
どの単位で評価するか

棚卸資産の評価に関する会計基準

1-5 棚卸資産はどのように管理するのか

棚卸資産管理はなぜ重要なのか

　棚卸資産と聞くと、商品や製品がどれくらいあるのかを実際に数える作業である「**実地棚卸**」（単に「棚卸」ともいわれています）を連想する人が多いと思います。

　棚卸資産といえば、労力をかけて管理しなければならないものという考え方が、広く定着しているようです。

　では、棚卸資産の管理はなぜ重要なのでしょうか？

　その1つめは、**会計に関する情報を正確に把握する**ためです。棚卸資産は、前項で説明した評価方法に従って貸借対照表に計上されます。そのためには、「どんな棚卸資産がどれだけあるのか」ということを把握していなければなりません。これらの情報は、帳簿で把握することも可能ですが、帳簿で把握しているだけでは不十分です。紛失や盗難などによって、帳簿で把握している棚卸資産の数量と実際に所有している棚卸資産の数量が異なることが多いからです。そこで、前述のように実地棚卸を行なう必要があるわけです。

　もう1つは、事業を効率的・効果的に遂行するためには、**棚卸資産の価額や数量を適時に把握する必要がある**からです。

　1－2項で説明したように、棚卸資産は利益の源泉であると同時に、リスクも持ち合わせています。事業から得られる利益が最大となるような適切な金額（または数量）の棚卸資産を持っているか、逆にムダな棚卸資産を抱えてリスクが大きくなっていないかということを、経営者は常に把握し、判断を行なわなければなりません。

　また、棚卸資産のうちに必要となるものが不足し、事業が部分的に停止してしまったり、収益の機会を減らしたりしないようにするためには、事業の現場レベルにおいても、棚卸資産がどれくらいあるのかということを把握できるようにする必要があります。

　このように、正確な会計の報告を行なったり、適切な経営判断・事業

◎棚卸資産管理が必要なワケ◎

棚卸資産は必ずしも帳簿どおりの数量があるとは限らない

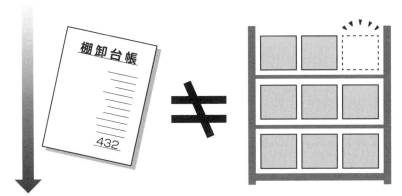

実際にある棚卸資産を把握していないと正確な財務諸表を作成できなくなる

必要な棚卸資産が必要なだけあるか、不要な棚卸資産が発生していないか、適時に把握できるようにすることが大切

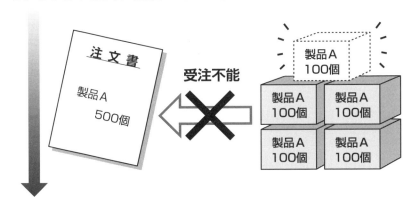

利益を得る機会を逃したり、損失の発生を回避できなくなることを防ぐ

運営のための判断を行なったりするという観点から、棚卸資産の管理方法は、会社の事業運営にとって重要な要素の１つになっているのです。

1-6 棚卸資産には内部統制が必要

棚卸資産は粉飾決算に利用されやすい

　前項までは、棚卸資産の意義、会計的な定義、管理方法などを説明してきましたが、これらは会社の事業に直接携わっている経営者や管理者の観点によるものでした。

　しかし、棚卸資産に対しては、事業へ直接携わってはいないものの、事業に対して資金を提供している出資者（株式会社では株主）や銀行なども大きな関心をもっています。その理由は、粉飾決算を行なう会社の多くは、**棚卸資産を利用して粉飾をしている**からです。

　棚卸資産を利用する粉飾、すなわち獲得した利益を多くみせかける方法は、簡単にいえば次のとおりです。

　たとえば、仕入価格（在庫価格）80円の商品Bを1,000個販売したとします。このとき、商品Bは8万円（＝仕入価格80円×1,000個）減ることになります。

　しかし、会社が意図的に商品Bは800個しか減っていないように記録したとします。このことにより、1万6,000円（＝仕入価格80円×200個）の棚卸資産（在庫）が水増しされます。

　すると、売上を得るための費用（売上原価）を1万6,000円減らすことができ、よって、1万6,000円の利益を増やすことができます。

　実際に粉飾が行なわれるときは、もっと複雑な方法が使われますが、原理としては**棚卸資産の金額を膨らませる**ということに変わりはありません。

内部統制の体制を整えて出資者・銀行の要請に応える

　棚卸資産が粉飾に使われやすい背景には、**棚卸資産は会社の内部だけで管理されている**という状況があげられます。

　別の粉飾の方法として、架空の売上を計上する方法がありますが、これを行なうには販売先を巻き込むことになり、棚卸資産の水増しと比較

◎棚卸資産を使った粉飾決算の方法◎

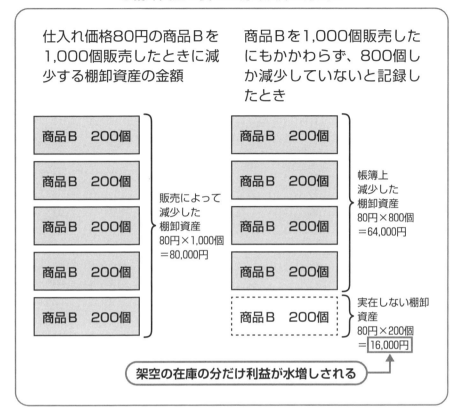

して実行しにくい方法です。このような背景から、棚卸資産はより厳しく管理される必要性が高い資産であるといえます。

そして、出資者や銀行は、資金の提供（出資または融資）を行なうにあたって、貸借対照表や損益計算書などの財務諸表を判断のよりどころとしますが、その際、それらが会社の財政状態や収益の状況を正確に伝えているということが前提となっています。

したがって、とりわけ棚卸資産が粉飾に使われていないかどうかということについて、出資者や銀行は高い関心をもっているのです。

このような状況において、出資や融資を受ける会社は、**内部統制**を遂行する体制を整えることによって、出資者や銀行からの要請に応えることができます。この詳細については、6章で説明します。

正味運転資金と棚卸資産管理

1-1項と1-2項で、「棚卸資産は利益の源泉である」と述べました。
どのような棚卸資産を保有するべきかという経営者の判断が誤っていなければ、たくさんの棚卸資産を保有することは、会社の利益を増やすことになります。しかし、棚卸資産を増やすにはさまざまな制約があります。その1つは「**正味運転資金**」です。

> **正味運転資金**
>   ＝（売掛金＋受取手形＋棚卸資産）－（買掛金＋支払手形）

正味運転資金とは、販売代金のうち未回収分と棚卸資産の価額の合計額から、仕入代金のうち未払い分を差し引いた額を指します。この差額は、一般的には、銀行からの短期借入金で充当します。したがって、正味運転資金を増やすには、次のような方法があります。
①**売掛金や受取手形を減らす**
②**買掛金や支払手形を増やす**
③**銀行からの借入金を増やす**

しかしながら、どの方法にも限界があり、思うような正味運転資金を確保することは、どの会社でもなかなか難しいようです。そこで、4つめの方法である、「**保有する棚卸資産を重要なものだけに絞り込む**」ということも行なう必要があるでしょう。

この正味運転資金を確保し、適切な量の棚卸資産を保有するということは、会社の経営資源である「ひと・もの・かね」のうち、「もの」と「かね」に関わる課題です。

そして、販売先、仕入先、自社の事業活動に対して働きかけを行ない、限られた経営資源を適切なバランスで振り分けるということが経営者の役割といえるでしょう。このバランスを最適のものにするという側面からも、棚卸資産の管理が重要であるということが理解できます。

2章

棚卸資産に関する会計の取扱い

棚卸資産の種類によって取扱いが異なります。

2-1 棚卸資産の範囲はどうなっているか

連続意見書第四に示されている棚卸資産の範囲

1－3項で棚卸資産の定義について説明しましたが、棚卸資産の範囲についてあらためて詳しく説明しましょう。

まず、連続意見書第四で示されている棚卸資産の範囲を原文のまま示すと、次のとおりです。

貸借対照表に棚卸資産として記載される資産の実体は、次のいずれかに該当する財貨又は用役である。
(イ)通常の営業過程において販売するために保有する財貨又は用役
(ロ)販売を目的として現に製造中の財貨又は用役
(ハ)販売目的の財貨又は用役を生産するために短期間に消費されるべき財貨
(ニ)販売活動及び一般管理活動において短期間に消費されるべき財貨

ここで**財貨**と**用役**という言葉が出てきますが、「財貨」とは、有形で価値があるもの、「用役」とは無形で価値があるものです。財貨と用役の違いは、有形か無形かということで、価値がある（＝販売して現金に換えることができる）という点では共通しています。有形で価値があるものについては、商品や製品・材料などをすぐにイメージできますが、一方、無形で価値のあるものとは、どういうものでしょうか？

たとえば、30円の部品Aと20円の部品Bがあるとします。これらが1つずつあれば、それらを合わせると50円の資産です。しかし、その2つの部品を組み合わせて部品Cになるとき、その組み合わせをするために1個あたり10円の加工賃を払って外注したとすれば、部品Cの金額は50円ではなく、60円（＝部品A30円＋部品B20円＋加工賃10円）として考えます。このときの加工賃が用役です。

説明を連続意見書第四に戻すと、ここで示されている棚卸資産の範囲

◎財務とは？ 用役とは？◎

財貨と用役

財貨＝有形で価値のあるもの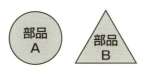

用役＝無形で価値のあるもの

用役の例

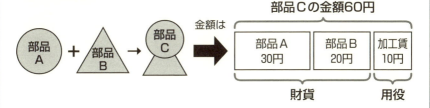

30円の部品Aと20円の部品Bを、加工賃10円を支払って部品Cにするとき、部品Cの金額は60円となり、そのうちの加工賃10円が「用役」となる。

「連続意見書第四」の要旨

❶ 自社の事業を営むために販売目的で所有する財貨・用役

❷ 直接部門や間接部門で消費される財貨

は、①自社の事業を営むために販売目的で所有する財貨（商品や製品・仕掛品・部品）や用役、②事業に直接携わる部門やそれを支える間接部門で消費される財貨、ということです。

2-2 棚卸資産の保有目的は何か

保有目的によって資産の種類が分類される

　棚卸資産の範囲については、「連続意見書第四」のほかにも、企業会計基準委員会が平成18年（2006年）に公表した「企業会計基準第9号 棚卸資産の評価に関する会計基準」（以下、「**棚卸資産会計基準**」とします）にも示されています。

　棚卸資産会計基準では、事業の対象として保有し売却を予定する資産や、管理活動において短期間に消費される事務用消耗品を棚卸資産と定めています。

　また、市場価格の変動により利益を得ること（これを棚卸資産会計基準では**トレーディング**という言葉で指しています）、すなわち投機目的で保有する資産も棚卸資産として定めています。

　本書では、前者を「通常の販売目的で保有する棚卸資産」、後者を「トレーディング目的で保有する棚卸資産」として説明していきます。

　まず、通常の目的で保有する棚卸資産は、連続意見書第四に書かれている「通常の営業過程において…」（28ページ囲み内の(イ)参照）と同じ意味ですが、**事業の対象になる資産でなければ棚卸資産ではない**ということです。

　たとえば、自動車販売会社が商品として保有している自動車は棚卸資産ですが、従業員が仕事のために使う自動車は有形固定資産（車両運搬具）です。物理的に同じものでも、目的によって棚卸資産と固定資産に分類されるということです。

　トレーディング目的で保有する棚卸資産については、あまり見慣れない「トレーディング」という言葉が入っており、これを理解するには専門的な知識が必要です。これを端的に述べれば、貴金属・石油・農産物といった商品取引所で取引できる「商品」のことです。要は、商品取引所で取引できる「商品」を会社が保有していたときは、それも棚卸資産に分類するということを示しています。

◎販売用に保有していれば棚卸資産◎

棚卸資産の可否

同一のものでも、目的が異なれば棚卸資産と
それ以外の資産に分けられる。

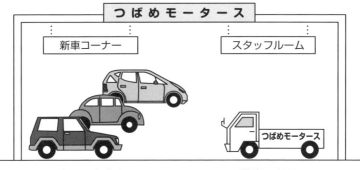

販売用の自動車は「棚卸資産」　　業務用車両は「固定資産」

トレーディング目的の棚卸資産

これは、投機目的で所有する「商品」のことであり、
一般の会社ではほとんど所有することはない。

金　　石油　　農産物

　しかし、一般の会社ではそのような「商品」を保有することは稀であり、この意味を理解しておく必要性は少ないでしょう。
　これは筆者の私見ですが、ここで指す棚卸資産は、むしろ株式や国債のような有価証券と同等のものであるものの、金融商品ではないため、棚卸資産として分類されたものと考えています。

2-3 棚卸資産に関する会計基準

棚卸資産会計基準とはどんなものか

　棚卸資産会計基準は、現在の日本における、棚卸資産に関する会計の最も基本的な取扱方法を示しています。棚卸資産会計基準が公表された平成18年までは、前出の連続意見書第四のほか、企業会計原則や原価計算基準などで棚卸資産に関する会計基準が示されていました。しかし、日本の会計基準と国際財務報告基準（ＩＦＲＳ）との差異を縮小する必要性が出てきたという背景もあり、棚卸資産について改めて基準が制定されたようです。

　棚卸資産会計基準の具体的な内容は、棚卸資産の**範囲、評価方法、評価基準、評価単位**などです。棚卸資産の範囲については、すでに説明したとおりです。評価方法とは、個別法・先入先出法・平均原価法・売価還元法をいい、3章で詳しく説明します。評価単位については、原則的には個別に評価するものと定めているものの、複数の棚卸資産を一括とした単位で行なうことも認めています。これについても、3章で詳しく説明します。

　なお、前項で触れたトレーディング目的で保有する棚卸資産は、棚卸資産会計基準で新たに加えられた概念です。それまでは、棚卸資産は通常の販売目的で保有する棚卸資産のみでしたが、棚卸資産会計基準が公表されてからは、「通常の販売目的で保有する棚卸資産」と「トレーディング目的で保有する棚卸資産」を区分する必要ができました。

　ただし、前述のとおり一般的な会社ではほとんど保有することはないので、本書では特別な断わりがない限り、棚卸資産は「通常の販売目的で保有する棚卸資産」を指すものとして説明していきます。

　また、従来の評価方法には「後入先出法」がありましたが、棚卸資産会計基準では選択できる評価方法から削除されました。現実的に、後入先出法を採用している会社は少ないことから、これによる影響は少ないようであり、本書でも後入先出法の説明は割愛します。

◎棚卸資産会計基準の内容と特徴◎

棚卸資産の会計に関する規則等

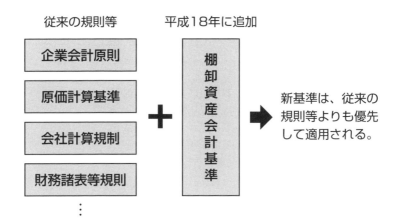

従来の規則等
- 企業会計原則
- 原価計算基準
- 会社計算規制
- 財務諸表等規則
  ⋮

平成18年に追加
- 棚卸資産会計基準

＋

新基準は、従来の規則等よりも優先して適用される。

棚卸資産会計基準の内容

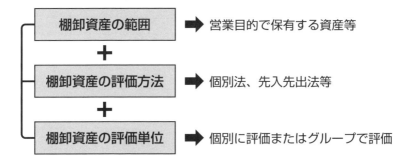

- 棚卸資産の範囲 ➡ 営業目的で保有する資産等
  ＋
- 棚卸資産の評価方法 ➡ 個別法、先入先出法等
  ＋
- 棚卸資産の評価単位 ➡ 個別に評価またはグループで評価

棚卸資産会計基準の特徴

- トレーディング目的で保有する棚卸資産の概念の追加
- 後入先出法の削除

2-4 工事契約会計基準とは何か

建設会社等が請け負った工事契約に関するもの

　棚卸資産に関する会計基準の特殊なものに、平成19年（2007年）に企業会計基準委員会が公表した「企業会計基準第15号　工事契約に関する会計基準」（以下、「**工事契約会計基準**」とします）があります。これは、建設会社等が請け負った工事契約に関する会計処理を定めたものです。

　後述する「**未成工事支出金**」という建設会社等で使われる勘定科目は、一般の会社の仕掛品に相当するもので、棚卸資産と同じ性格のものですが、工事契約によって発生する科目であるため、棚卸資産会計基準ではなく、この工事契約会計基準に従って会計処理が行なわれます。

　工事契約会計基準では、進行している工事について2つの会計処理の方法を示しています。これらを端的に述べると、対象の工事が完成に至っていないものの、完成が確実である場合は**工事進行基準**を適用し、そうでない場合は**工事完成基準**を適用します。

支出した費用の会計処理のしかた

　工事進行基準を適用する工事の場合、その工事のために支出した費用について、理論的にはそのまま費用とする部分と資産である未成工事支出金に分けることになっていますが、実務上はすべて**工事原価**として処理されます。

　一方、工事完成基準を適用する工事については、工事が完成するまではその工事のために支出した費用はすべて未成工事支出金として資産に計上します。この未成工事支出金は、資材などの有形の部分もありますが、作業員の賃金や外注費など無形のものに対する支出も含まれます。

　これらを含む未成工事支出金は、工事が完成したときに「工事原価」、すなわち費用として処理されますが、それまでは棚卸資産として計上されます。

◎工事契約会計基準のしくみ◎

建設業等を営む会社には、工事契約会計基準を適用

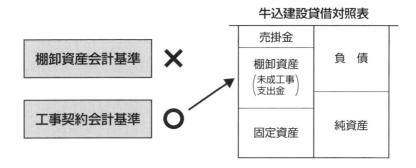

完成前の工事は、工事進行基準と工事完成基準のどちらかを適用

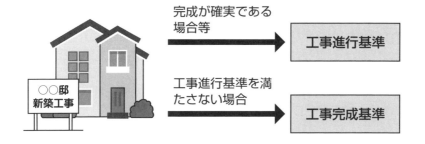

完成前の工事の会計処理

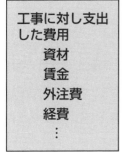

2-5 販売用不動産の取扱い

販売用不動産は棚卸資産会計基準に従う

　不動産業を営む会社が、販売目的で保有する土地や建物、すなわち不動産は棚卸資産です。勘定科目では「**販売用不動産**」などが使われ、固定資産の勘定科目である「土地」や「建物」とは区別されます。

　販売用不動産などに関する会計基準については、棚卸資産会計基準が適用され、工事契約に関するような特別な会計基準はありません。

　ただし、1990年代のバブル経済崩壊後、不動産業を営む会社が保有する販売用不動産の評価を適切に行なっていないことが問題になったことがありました。まだ棚卸資産会計基準が公表される前でしたが、当時であっても企業会計原則などで、時価が取得原価より著しく下落したときは、回復する見込みがあると認められる場合を除き、時価をもって貸借対照表の価額とする（これを「**強制評価減**」といいます）ものとされていましたが、それを適切に行なう会社は少なかったようです。

　そこで、日本公認会計士協会は平成12年に「販売用不動産等の強制評価減の要否の判断に関する監査上の取扱い」を公表し、販売用不動産の強制評価減の判断基準や評価方法を示しました。しかし、平成18年に棚卸資産会計基準が公表されたことによって、強制評価減の判断基準は削除され、表題も「販売用不動産等の評価に関する監査上の取扱い」に変更されました。評価方法も棚卸資産会計基準にならったものとなっています。

販売用不動産の評価方法

　とはいえ、不動産の評価については、一般的な棚卸資産と比較して特殊であるため、簡単に販売用不動産等の評価方法について説明しておきましょう。

　まず、開発がともなうかどうかによって、それぞれの期末の正味売却価額を求めます。

◎販売用不動産の勘定科目と評価のしかた◎

棚卸資産としての不動産の勘定科目

開発を行なわないで販売する不動産
➡「販売用不動産」

開発を行なって販売する不動産
➡「開発事業等支出金」

決算時の評価

取得原価 ＞ 正味売却価額 ➡ 正味売却価額で評価し、取得原価との差額は費用とする

取得原価 ≦ 正味売却価額 ➡ 取得原価で評価する

● 開発を行なわないで販売する不動産
　販売用不動産の正味売却価額＝販売見込額－販売経費等見込額
● 開発を行なって販売する不動産
　開発事業等支出金（注）の正味売却価額＝完成後販売見込額－
　　　（造成・建築工事原価今後発生見込額＋販売経費等見込額）
（注）開発を行なって不動産を販売するときに使われる勘定科目で、その不動産を取得するための代金や開発にかけた費用が含まれる。

そして、もし、期末における正味売却価額が取得原価よりも下落している場合には、正味売却価額を評価額とします。この場合、取得原価と当該正味売却価額との差額は当期の費用として処理します。一方、取得原価が正味売却価額以下の場合は、取得原価を評価額とします。

なお、一般的な棚卸資産の評価額については、3章で詳しく説明します。

2-6 ソフトウェアの取扱い

ソフトウェアの制作費用は無形固定資産

　ソフトウェアを開発し販売する会社にとって、事業の観点からみると自社が開発したソフトウェアは、「製品」または「商品」といえるでしょう。実際に、そのソフトウェアの多くはコンパクトディスクなどの記録媒体に記録されて販売されます。

　ただし、顧客が価値を認識して代金を支払う対象は、媒体そのものではなく無形のソフトウェアであり、これはどれだけ販売されても減少しません。

　そこで、会計上は、ソフトウェアを制作するために要した支出（研究開発に関する部分を除く）は、棚卸資産ではなく「無形固定資産」として計上します。そして、このソフトウェアに関する会計処理は、棚卸資産会計基準は適用されず、「研究開発費等に係る会計基準」（以下、「**研究開発費等会計基準**」とします）で規定されます。

研究・開発にともなう費用の会計処理のしかた

　ところで、ソフトウェアの制作については、**研究**と**開発**を区別して会計処理を行ないます。

　「研究」とは、新しい知識の発見のための調査や探究のことで、一方、「開発」とは、新製品を制作したり既存製品を著しく改良したりするために研究の成果などを具体化することをいいます。

　具体的には、最初に製品化された製品マスターの完成時点までの制作活動は「研究開発」と考えられています。

　さらに、研究開発終了後に発生する費用についても、研究開発費、無形固定資産、棚卸資産などに分けて処理されます。

　具体的には、まず、製品マスター等の改良や強化のための費用は、ソフトウェアの資産価値を高めたものとして「無形固定資産」に計上します。

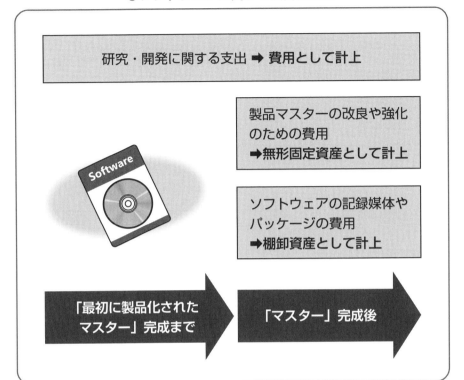

　製品としてのソフトウェアを制作するための費用（記録媒体、パッケージなど）は、いったん「棚卸資産」として計上し、それが販売されたときに「売上原価」とします。

　また、新しい製品と同等の製品マスターの著しい改良のための費用は「研究開発費」とし、バグ取りやウィルス防止などのための費用は、「売上原価」または「一般管理費」として会計処理します。

　そして、無形固定資産として計上された部分は、見込販売数量にもとづく減価償却額か、残存有効期間（原則３年以内）にもとづく均等配分額のいずれか大きい額で減価償却を行ないます。

　なお、受注制作のソフトウェアの制作費は、工事会計基準により、請負工事の会計処理に準じて処理することとされています。

2-7 商品、製品の取扱い

商品と製品にはどんな違いがあるのか

　棚卸資産で代表的なものは**商品**と**製品**であり、特に経営者はこれらに大きな関心をもっているといえるでしょう。なぜなら、商品や製品は他の棚卸資産と異なり、顧客からの引き合いに応じて直接引き渡すものであるからです。

　棚卸資産は会社の利益の源泉となるものですが、もし商品や製品がなければ販売機会を逃してしまうことになるという意味で、重要性が高い資産です。よって、商品や製品が不足していないか、安定的に保有しているかということについては、経営者は特に注意を払う必要があります。

　では、同じ棚卸資産であっても、商品と製品の違いは何でしょうか？

　商品も製品もそれぞれ勘定科目の1つですが、**商品は流通業を営む会社**で使われ、**製造業を営む会社では製品**を使います。

　すなわち、流通業を営む会社が販売するために仕入れて保有するものは「商品」という勘定科目で資産に計上され、一方、製造業を営む会社が材料を仕入れ、それらを加工して完成させたものは「製品」という勘定科目で資産に計上されます。

　たとえば、パン製造業を営む会社が小麦粉を仕入れ、それを加工してパンを完成させると、そのパンは「製品」という勘定科目で、そのパン製造会社の資産に計上されます。このパンを、小売店が仕入れて店頭に並べると、そのパンは「商品」という勘定科目でその小売店の資産に計上されます。

　このように、物理的には同じパンであっても、どのような事業を営んでいるかということによって使い分けられ、それぞれ商品または製品という勘定科目に計上されます。ただし、商品、製品とも顧客に販売できる状態の棚卸資産であるという点では同じです。

　また、事業の内容によって棚卸資産はさまざまであり、直接顧客に引き渡す棚卸資産であっても、商品や製品以外の勘定科目が使われること

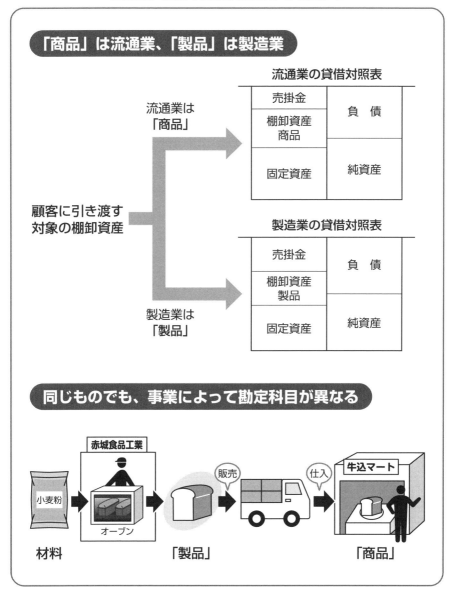

があります。たとえば、不動産会社が販売目的で取得した土地や建物は「販売用不動産」という勘定科目で資産に計上されます。これも一般の会社では「商品」に相当する科目です。

2-8 半製品、仕掛品の取扱い

いずれも製造途上にあるものの勘定科目だが…

　製造業の棚卸資産のうち、製造工程にあるものは、**半製品**または**仕掛品**という勘定科目に計上します。

　半製品と仕掛品は、製造の途上にあるという点で共通していますが、**外部に販売できる状態**かどうかという点で異なっています。

　たとえば、木造家具を製造している会社が丸太を仕入れ、それを切って板をつくり、さらに板から家具を組み立てているとします。このとき、丸太を切ってできた板は、他の木製品製造会社などに資材として販売できます。このような場合、板は「半製品」として計上します。

　ところで、この板は家具を組み立てる材料にもなります。そして、次項で説明しますが、「材料」は棚卸資産の勘定科目の1つです。では、半製品と材料は、どのように使い分けるのでしょうか？

　これについては、一般的に材料は半製品も含む広いものを指す意味で使われるものの、会計上は勘定科目の材料に計上するものは「半製品を除く」と規定されています（金融庁「財務諸表等規則ガイドライン」）。

　ただし、製造の途上にあるもののなかに販売できるものがあるとしても、実際には販売している例が少ないなど、半製品と仕掛品を厳密に区別する必要性が低い場合は、製造の途上にある棚卸資産をすべて「仕掛品」として計上している会社もあります。

　なお、2－4項で説明した、建設会社における**未成工事支出金**は、一般の会社の仕掛品に相当します。ただし、この未成工事支出金には、資材などの有形のものに対する支出のほか、作業員の賃金や外注費など無形のものに対する支出も含まれている点が特徴です。

仕掛品は少ないほうが望ましい

　仕掛品は、利益の源泉である棚卸資産の一部ですが、製品のように販売できる状態ではないため、少ないほうが望ましいといえます。したが

◎半製品とは？　仕掛品とは？◎

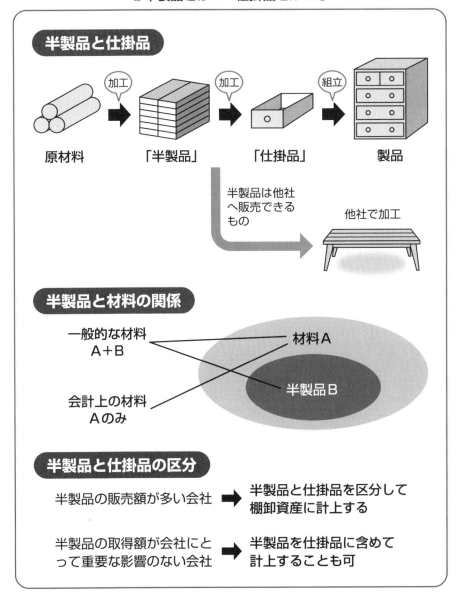

　って、仕掛品の多さについても経営者は注視する必要があります。
　仕掛品を少なくするためには、必要以上に製品を製造しないようにしたり、製造に要する期間を短縮したりする工夫が必要です。

2-9 材料、原料、貯蔵品の取扱い

材料、原料に関する勘定科目

　棚卸資産のうち、未使用のものは、**材料**、**原料**、**貯蔵品**などの勘定科目で計上されます。

　このうち、材料と原料は、製品の製造のために使用されるものです。材料と原料の違いは、材料は製品にも形がそのまま残っているもの、原料は製造の過程で形が変わるものとされていますが、明確な使い分けが行なわれているわけではありません。そのため、材料と原料を分けずに「**原材料**」という勘定科目が使われることも多いようです。

　さらに、原材料は、製品の直接の原材料となる**主要原材料**と、製品を製造する際に補助的に消費されるペンキ、接着剤などの**補助原材料**に分けて計上されることもあります。

　また、製品が加工されるものではなく、組み立てられて完成するものである場合、原材料ではなく「**部品**」（または**部分品**）という勘定科目が使われる場合もあります。部品は、自社で製造した場合は**自製部品**、購入した場合は**買入部品**として計上されることもあります。

　なお、前項で説明したように、製品の材料となっているものであっても、「半製品」として計上しているものは、会計上は材料としては計上しません。

消耗品などをまとめて貯蔵していれば「貯蔵品」

　「貯蔵品」とは、消耗品などをある程度まとめて貯蔵しているときに、棚卸資産として計上するものです。具体的には、ハサミやボールペンなどの**事務用消耗品**、ねじ回しやカッターなどの**消耗工具器具備品**、ねじや釘などの**工場用消耗品**、重油やガソリンなどの**燃料**などです。

　ただし、これらはまとまった量を保有していなければ、棚卸資産として計上されることはありません。継続的に使用する程度の消耗品であれば、取得時に費用として会計処理されることが多いようです。

◎材料、原料、貯蔵品とはどんなものか◎

未使用の棚卸資産 ➡ 材料・原料・貯蔵品

材料と原材料等の分類

材料 ➡ 製品になっても形が残っているもの ┐
原料 ➡ 製品になる過程で形が変わるもの ┘ ➡ 「原材料」として計上する場合もある

原材料 ┬➡ 製品の直接の原材料 ➡「主要原材料」
　　　 └➡ 製造の際に補助的に消費 ➡「補助原材料」

部　品 ┬➡ 自社で製造した部品 ➡「自製部品」
　　　 └➡ 購入した部品 ➡「買入部品」

貯蔵品 …まとまった量の消耗品がある場合、貯蔵品として棚卸資産に計上する

➡ 事務用消耗品
➡ 消耗工具器具備品
➡ 燃料

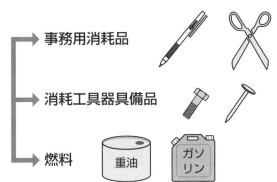

2-10 副産物、連産品、作業くず、仕損品の取扱い

副産物、連産品の内容と勘定科目の表記

特殊な棚卸資産として、**副産物**と**連産品**というものがあります。

一般的には、1つの製造工程から1つの製品のみが製造されますが、1つの製造工程から複数の製品が製造されることもあります。

たとえば、豆腐を製造すると、その製造工程のなかで「おから」も製造されます。このとき、豆腐を「製品」（または「主製品」）として計上し、おからを「副産物」として計上します。ただし、貸借対照表にはどちらも「製品」として計上されることが多いようです（なお、おからは必ずしも製造されたすべてが販売されているわけではないので、販売しない場合、それは製品として計上しないことはいうまでもありません）。

一方、「連産品」は1つの製造工程から複数の製品が製造される点では副産物と同じですが、製造された複数の製品の間に「主」と「副」の区分がないような製品のことをいいます。

たとえば、原油を精製すると、ガソリン・灯油・軽油・重油などの各石油製品が同時に生産されます。ただし、連産品とは製造工程に着目した呼び方であり、勘定科目としては「製品」で計上されます。

作業くず、仕損品の内容と勘定科目の表記

作業くずとは、製造工程で使用した原材料の残りくずのことです。ただし、いわゆる作業くずのすべてを会計上も「作業くず」として取り扱うわけではなく、価値のあるもののみを「作業くず」という勘定科目に計上します。たとえば、金属製の製品を製造している場合、鋼材の「作業くず」は、別の製品の製造のために使用したり、リサイクル会社に資源として売却したりできます。このような価値のあるもののみが、棚卸資産に計上できます。

また、製造工程で仕損じた（製造に失敗した）ものを**仕損品**といいます。これも会計上は、当然のことながら価値のあるもののみを棚卸資産

◎副産物とは？ 連産品とは？ 仕損品とは？◎

として計上できます。ただし、補修して販売されたり、別の製品の原材料として使われたりするため、「仕損品」という勘定科目で計上されることは少なく、それぞれ「製品」または「原材料」として計上されます。

2-11 未着品、積送品の取扱い

未着品とはどのような資産か

　特殊な棚卸資産には、前項のような製造方法以外にも、仕入のしかたや販売のしかたによって使われる勘定科目もあります。

　その1つが**未着品**です。「未着品」は主に、商品や原材料などを海外から輸入している会社で使われます。

　たとえば、A国のB社が、日本国内のC社に自動車を輸出しているとします。B社はC社の引き合いに応じて、A国の港で自動車の運送を船会社に依頼します。このとき、B社は船会社から船荷証券を受け取ります（船荷証券とは、貨物の引換証のことで、それを持っている者が輸送船の目的地で貨物を受け取ることができます）。B社は、自動車の販売代金がC社から届いたら船荷証券をC社に送り、これを受け取ったC社は、自動車の購入代金を「未着品」勘定に計上します。

　このように、未着品とは、商品の所有権は自社に移っているものの、商品そのものが自社に届いていないときに計上される棚卸資産です。

　その後、C社は船の到着を待って港に行き、船荷証券と引き換えに自動車を引き取ります。未着品に計上された資産は「商品」勘定に振り替えられます。ただし、未着品が資産全体に占める金額が少ないときは、未着品勘定を使わず、「商品」勘定に計上されることが多いようです。

積送品とはどのような資産か

　もう1つは**積送品**です。「積送品」は、委託販売を行なっている会社が使う勘定科目です。委託販売とは、自社の商品の販売を他社に委託して販売してもらうことです。

　たとえば、ケーキを製造しているD社が、レストランを営んでいるE社にケーキの委託販売をしているとします。この場合、D社がE社にケーキを届けたときに、D社はその価額（売価ではなく原価）を「積送品」勘定として計上します。もし、E社がD社からケーキを仕入れ、それを

E社の店内で販売しているとすれば、D社がE社にケーキを届けた時点で、D社の売上となります。しかし、委託販売の場合、D社のケーキはE社の店内にあっても、販売を委託しているだけなので、そのケーキはD社の保有する棚卸資産のままです。ただし、D社の社内にある「商品」と区別するため、D社に届けた分を「積送品」勘定に振り替えます。

ちなみに、「積送品」となっている商品が販売されたときは、D社はE社の販売手数料を差し引いた残額をE社から受け取ります。また、ケーキの販売を受託しているE社は、D社から商品を受け取ったりそれを販売したりしても、E社の資産ではないので当然、E社の棚卸資産の増減は行なわれません。

工事契約と収益の認識

　2－4項で、工事契約については「工事進行基準」と「工事完成基準」の2つの会計処理の方法があると説明しました。しかし、なぜ2つの会計処理の方法があるのかということは、本文を読むだけではピンとこないかもしれません。

　実は、工事進行基準と工事完成基準の違いは**収益の認識基準の違い**です。工事進行基準は、**発生主義**にもとづく収益認識基準で、工事完成基準は**実現主義**にもとづく収益認識基準です。

　「発生主義」とは、取引の事実が起きた時点で収益や費用を認識するという考え方で、一方、「実現主義」とは、取引の事実が実現した時点で収益や費用を認識するという考え方です。

　したがって、発生主義にもとづく工事進行基準では、工事が完成する前でも、進行状況に応じて収益を計上し、実現主義にもとづく工事完成基準は、工事が完成したときに収益を計上します。

　かつては、工事契約については、工事完成基準と工事進行基準のいずれかを選択して適用することが認められていましたが、工事完成基準が多く使われていたようです。しかし、平成19年に企業会計基準委員会が公表した「工事契約に関する会計基準」では、工事進行基準を原則、工事完成基準を例外という考え方になりました（ただし、適用は平成21年4月1日以降に開始する会計年度からです）。

　工事進行基準が原則となったのは、請負工事は長期間にわたって行なわれることが多く、工事完成基準では会計期間（多くの会社では1年）中の活動が、適時に財務諸表に反映されないという理由によるものと考えられます（たとえば、3か年の工事を請け負った場合、工事完成基準では、1年目と2年目はその工事についての売上の計上はなく、3年目のみに売上が計上されることになります）。

　論点をもどすと、本文では、両者について支出の面から説明したため、理解しにくい面もあったと思いますが、収益をどのように認識するかの違いであると考えれば、理解しやすくなると思います。

3章

棚卸資産はどのように評価するのか

評価基準や評価方法について理解しておきましょう。

3-1 棚卸資産の評価基準のあらまし

3つの評価基準がある

棚卸資産の評価基準とは、文字どおり「何を基準にして棚卸資産を評価するのか」ということですが、具体的には次の3つの基準があります。

> ① 棚卸資産を取得したときの価額で評価する基準
> ② 棚卸資産を評価するときの時価で評価する基準
> ③ 取得したときの価額と時価のいずれか小さいほうの金額で評価する基準

①の「取得したときの価額」とは、購入した棚卸資産の場合は「購入代価」を、製造した棚卸資産の場合は「製造のために支出した費用の額」を指します。そして、この「取得したときの価額」で評価する方法を**原価法**といい、原価法で評価する基準を**取得原価基準**といいます。

一方、③のような取得価額と時価のいずれか小さいほうの金額で評価する方法を**低価法**といい、低価法で評価する基準を**低価基準**といいます。

連続意見書第四では、取得原価基準を原則的な棚卸資産の評価基準としていました。しかし、平成18年（2006年）に公表された棚卸資産会計基準では、低価基準を棚卸資産の原則的な評価基準としています。

なお、厳密には、これまでの低価法は例外的な位置づけであったものの、棚卸資産会計基準では低価法を原価法の一部とし、それを原則とする、ということにしています。言い回しが複雑なので、学習を始めて間もない人は前述のとおり「棚卸資産の評価基準は低価基準が原則」と理解していただいて問題はありません。

このような評価基準に関する考え方の変更は、経済活動の環境の変化や国際的な会計の慣行に合わせて行なわれたようです。

また、②の時価で評価する基準は**時価基準**といいます。時価基準は、トレーディング目的で保有する棚卸資産に適用されます。

◎棚卸資産の評価基準のしくみ◎

3つの評価基準

- **取得原価基準** …原価法で評価する基準 ➡ かつて販売目的で保有する棚卸資産に適用した。
- **時価基準** …時価で評価する基準 ➡ トレーディング目的で保有する棚卸資産に適用する。
- **低価基準** …低価法で評価する基準 ➡ 販売目的で保有する棚卸資産に適用する。

原価法と低価法

- **原価法** …取得した価額で評価する方法
- **低価法** …取得した価額と時価のいずれか小さいほうの金額で評価する方法

	原 価 法	低 価 法
取得した価額 ≦ 時価	取得した価額	取得した価額
取得した価額 > 時価	取得した価額	時価

連続意見書第四の原価法と棚卸資産会計基準の原価法

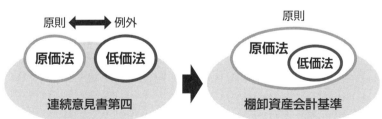

3-2 「取得原価」の計算のしかた

取得した方法によって計算のしかたは異なる

取得原価基準と低価基準で棚卸資産を評価するときに使用する**取得原価**は、次のようにして計算します。

> ①購入した棚卸資産の取得原価＝購入代価＋付随費用
> ②製造した棚卸資産の取得原価＝製造原価＋付随費用
> ③交換・特別な価額・譲受けにより取得した棚卸資産の取得原価
> 　　　　　　　＝時価＋付随費用

①の**購入代価**とは、購入価額のことです。②の**製造原価**は、詳細については4章で説明しますが、製品や仕掛品の製造のために支払った費用のことです。

少し複雑なのは③ですが、一般的な購入とは異なる方法で棚卸資産を取得しても、取得原価は①と同様に購入代価（＝時価）と付随費用を取得原価とします。

このうち、「交換による取得」とは、自社の保有する別の資産と取得した棚卸資産を交換したときのことですが、この場合は、自社の保有する資産を売却して現金に換え、それを取得した資産の購入に充てたと考えます。棚卸資産を譲り受けたときは、その棚卸資産の購入代価相当の金銭を譲り受け、それを取得した資産の購入に充てたと考えます。したがって、別途、購入代価相当の金額を収益として計上します。

また、「特別な価額」とは、通常の価額より低い場合あるいは高い場合をいいます。特別な価額が通常の価額より低い場合は、それらの差額の利益を得たと考えます。したがって、棚卸資産の価額は①と同様に計算し、別途、差額について収益として計上します。逆に、特別な価額が通常の価額より高い場合は、通常の価額との差額の利益を与えたと考えます。したがって、棚卸資産の価額は①と同様に計算し、別途、差額に

◎棚卸資産の「取得原価」のしくみ◎

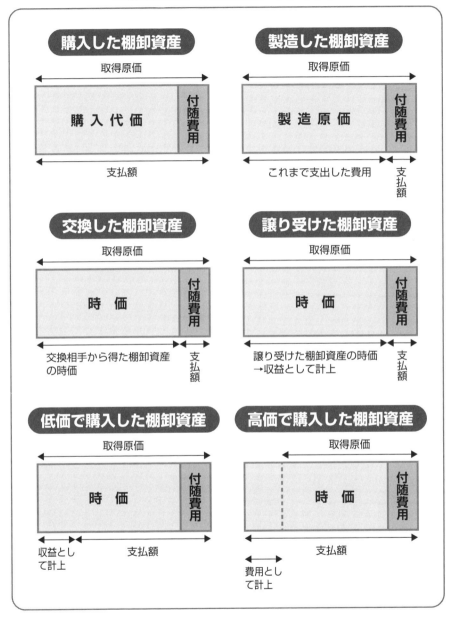

　ついて費用として計上します。
　「付随費用」については、次項で説明します。

3-3 「付随費用」とはどんな費用をいうのか

会社の外部または内部で発生する費用がある

付随費用とは、「棚卸資産の取得にともなって発生する費用」をいいます。

これは、会社の外部で発生するものと、会社の内部で発生するものに分けられます。外部で発生するものには、「運賃」「購入手数料」「保険料」「関税」などがあります。また、内部で発生するものとしては、「購入事務費」「保管費用」「検査費用」などがあります。

ちなみに、製造業では、前者を「外部副費」（または「外部材料副費」）、後者を「内部副費」（または「内部材料副費」）という勘定科目で計上されることもあります。

付随費用のうち、外部で発生した費用である運賃や保険料など（これらを「**引取費用**」といいます）は、その対象となる棚卸資産との関係性が強いといえます。したがって、引取費用は原則として取得原価に加えなければなりません。

一方、内部で発生した費用である保管費用や検査費用などは、その対象となる棚卸資産との関係性が明確です。しかし、内部で発生した費用のなかには、必ずしもすべてに明確な関係性があるとはいえないものもあります。

たとえば、頻繁に多量多品種の商品や材料を購入している会社が倉庫を借りてそこに棚卸資産を保管している場合、その棚卸資産のために倉庫の賃借料が発生しているものの、個々の棚卸資産のための費用というよりは、棚卸資産全体のために支払っているといえるでしょう。

そこで、複雑な計算を行なって、賃借料を個々の棚卸資産に振り分けることはあまり現実的ではありません。したがって、内部で発生した費用の一部については、取得原価とせずに、ただちに費用として取り扱うことが認められています。

◎付随費用にはこんなものがある◎

付随費用 …棚卸資産の取得にともなって発生する費用

外部で発生する付随費用
運賃、購入手数料、保険料、関税 など
（引取費用）

対象となる棚卸資産との関係性が強く、原則として取得原価に加える

内部で発生する付随費用
購入事務費、保管費用、検査費用 など

対象となる棚卸資産との関係性が弱いものもある。したがって、重要性の低い費用は取得原価に加えないこともある

取得原価に含めなくてもよい費用とは

しかし、この「取得原価に含めない費用とはどのようなものか」ということについては、会計基準などでは示されていません。そこで、参考として、税務上認められているものについて示しておきましょう。

次に掲げる費用の合計額が、購入代価または製造原価のおおむね3％以内であれば、取得原価に含めないことが、税務上認められています。

①**購入した棚卸資産**
- 買入事務、検収、整理、選別、手入れ等の費用
- 販売所等から販売所等へ移管するための運賃、荷造費等の費用
- 特別の時期に販売するため、長期にわたって保管するための費用

②**製造した棚卸資産**
- 検査、検定、整理、選別、手入れ等の費用
- 製造場等から販売所等へ移管するための運賃、荷造費等の費用
- 特別の時期に販売するため、長期にわたって保管するための費用

3-4 「時価」とは何か

時価はどのように定義されているか

　棚卸資産の原則的な評価基準は低価基準ですから、棚卸資産を保有する会社は、「取得原価」と「時価」の両方を把握する必要があります。このうち、取得原価の把握は比較的容易ですが、時価を把握するのはやや複雑です。

　それでは、「時価」はどのように定義されているのでしょうか？

　棚卸会計基準では、時価とは公正な評価額を指し、公正な評価額とは市場価格か、それがない場合は合理的に算定された価額と定義しています。

　「公正な評価額」とは、第三者から見て妥当と認識できる評価額という意味です。

　「市場価格」の市場とは、取引所などのいわゆる「市場」だけでなく、自社の商品または製品を不特定多数の相手に販売しているときの、その相手方を包括的に指す概念的な市場のことです。ですから、「市場価格」は、通常の販売活動で販売しているときの、その商品や製品の価額のことをいいます。

　ところで、この定義では「価格」と「価額」という類似した言葉の両方が使われています。価格は値段（price）のこと、価額は値打ち（value）のことというように使い分けられることもありますが、違いを明確に線引きすることは難しいようです。この定義のなかでは、価格と価額はほぼ同じ意味と理解していただいて問題ありません。

　つぎに、市場価格がない場合とは、自社の商品や製品を相対取引で販売しているときなど、不特定多数を相手に販売していないために、市場価格がない状態のことです。

　最後に、「合理的に算定された価額」とは、その金額が論理的に説明できる価額という意味です。この論理的な説明の方法について明確な定めはありませんが、実務的には、引き合いがあるとしたときに想定され

◎「時価」を定義すると◎

「時価」の定義のポイント

公正な評価額 → 第三者から見て妥当な価額

市場価格 → 通常、販売している価額

市場価格がない場合 → 相対取引でしか販売されず、市場価格がない場合

合理的に算定された価額 → 論理的に説明できる価額

時価の定義を平易に述べると

時価は、第三者から見て妥当な価額であり、通常、販売している価額にもとづいて決める。
相対取引などで販売していて市場価格がない場合は、論理的に説明できる価額を第三者から見て妥当な価額とする。

る価額、類似した商品や製品の過去の販売価額、市場調査にもとづいた価額などが利用されています。

このように、「合理的に算定された価額」の算定方法は漠然としていますが、棚卸資産の種類や状態はさまざまであることから、それに対応して多くの方法が許容されているようです。

そして、市場価格がない場合には、この合理的に算定された価額を公正な評価額とし、時価として貸借対照表に計上することになります。

3-5 「正味売却価額」とは何か

低価基準での評価の際に必要

時価について、さらに具体的に説明したいと思います。

棚卸資産会計基準では、会計期間の末日の棚卸資産の価額、すなわち貸借対照表の価額は取得原価とするものの、時価が取得原価よりも低いときは、その時価を貸借対照表価額の価額とすると規定しています。

これは3-1項で説明した**低価基準**（取得したときの価額と時価のいずれか小さいほうの金額で評価する基準）を採用しているということです。

ただし、棚卸資産会計基準では、**正味売却価額**という考え方を時価として記載しています。「正味売却価額」とは、商品や製品の売価から、見積追加製造原価と見積販売直接経費を差し引いた価額のことです。

これを式で表わすと、次のようになります。

> 正味売却価額 ＝ 売価 －（見積追加製造原価＋見積販売直接経費）

理解を容易にするため、これを展開すると次のようになります。

> 売価 ＝ 正味売却価額 ＋（見積追加製造原価＋見積販売直接経費）

これをもう少し具体的にするために、この式に、ある仕掛品について当てはめてみます。

> 売価 ＝ 仕掛品 ＋ 完成までの工程にかかる経費
> 　　　　　　　　＋ 販売のときにかかる経費

すなわち、ある製品の製造の工程の途中にある仕掛品は、そのままでは売価は算定できないので、それが完成したときの売価から、それに至

◎正味売却価額とは◎

棚卸資産会計基準で定める棚卸資産の評価基準 … 低価基準

取得原価 ≦ 正味売却価額のとき ➡ 取得原価

取得原価 ＞ 正味売却価額のとき ➡ 正味売却価額

正味売価基準とは

　　　　　　　　　売　価

| 正味売却価額 | 見積追加製造原価 | 見積販売直接経費 |

製造や流通の途上にある棚卸資産は、直接、売価を棚卸資産の時価とするのではなく、販売される段階に至るまでの原価や経費を差し引いたものを時価とする。

るまでの経費を控除したもの（＝正味売却価額）を売価とする、ということです。

　ここでは、製造業の例で説明しましたが、流通業においても考え方は同じです。

　たとえば、仕入れた商品が倉庫にあるままの状態の取得価額を売価と比較することは妥当ではありません。実際には、倉庫にある商品は、その後、包装をしたり運賃を支払って販売先に届けたりするので、売価からそれらの経費を差し引いた価額を「正味売却価額」とし、それを倉庫にある状態の商品の取得原価と比較しなければなりません。

3-6 正味売却価額の評価のタイミング

正味売却価額の評価額をどうするか

　貸借対照表には、会社の当該会計期間の最終日である決算日時点の資産の評価額が記載されます。したがって、その貸借対照表に記載されている棚卸資産の評価額も、決算日時点の評価額ということになります。

　それでは、前項で説明した正味売却価額についても、決算日時点の評価額ということになるのでしょうか？

　これについて、棚卸資産会計基準では、①決算日の棚卸資産が販売されるのは決算日以降であり、決算日の正味売却価額は決算日からみて将来の価額となる。②将来の見積もりが困難なときは、決算日の前後の販売実績から計算した正味売却価額も、合理的に算定された価額とすることもできる、としています。

　すなわち、棚卸資産はさまざまな種類や状況に置かれていることから、その時価を必ずしも決算日に限定することなく、将来の価額や、決算日前後の価額も基準にすることができるよう配慮していると考えることができます。

　また、棚卸資産会計基準では、もし決算日の正味売却価額が突発的に異常な金額となっているときも、決算日時点ではなく、決算日付近の平均的な売価から算定される正味売却価額を貸借対照表価額とすることが妥当としています。

　すなわち、決算日の価額であったとしてもそれが異常な金額である場合は、それにもとづいて正味売却価額を算定することは不適切であるため、**決算日付近のある程度の期間の売価の平均にもとづいて正味売却価額を算定**するべきであるということです。

　単に棚卸資産の状況だけでなく、売価の突発的な変動という外部的な要因も勘案したうえで、棚卸資産の適切な評価を行なうことを求めているということでしょう。

◎期末の正味売却価額はいくらになるか◎

正味売却価額の評価のタイミング

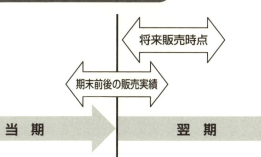

正味売却価額が異常な水準となっているときは

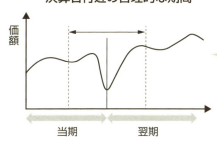

決算日時点の売価ではなく、期末付近の合理的な期間の平均的な売価で評価する。

3-7 複数の市場があるときの売価の決め方

「加重平均」を使って全体の売価を求める

　3-4項で「時価とは市場価格」と説明しましたが、商品や製品を販売する市場は1つだけとは限りません。たとえば、次のように複数の販売経路をもっている場合、それぞれに売価が異なることがあります。
①消費者への直接販売と代理店経由の間接販売
②正規販売とアウトレット
③特定の販売先との契約により、一定の売価で販売することが決定されている場合と、そのような契約がない場合

　このように、複数の市場で複数の売価がある場合は、一般的には高い価格で売れる市場で商品または製品を販売するため、実際に販売できると見込まれる売価を用います。

　また、複数の市場で販売していて、商品または製品をそれぞれの市場向けに区分できないときには、それぞれの市場の販売比率にもとづいた**加重平均**の売価を用います。

　「加重平均」とは、販売個数を加味して計算する平均値のことです。たとえば、あるパン製造会社は、パン50個を100円で店頭で販売し、30個を近所の学校で90円で販売し、20個をホテルへ80円で卸している場合、加重平均は次のように求められます。

販売先	個　数	価　格	販売額
店頭	50個	100円	5,000円
学校	30個	90円	2,700円
ホテル	20個	80円	1,600円
計	100個	―	9,300円

　したがって、パン100個の販売総額は9,300円なので、加重平均は93円（＝9,300円÷100個）ということになり、これを売価として用いることになります。

◎複数市場で販売した場合の売価（＝時価）の求め方◎

市場（売価）は１つとは限らない

（消費者への直接販売）と（代理店経由の間接販売）

（正規販売）と（アウトレット）

（契約上の売価あり）と（売価の契約なし）

原則は販売できる売価を時価とする

市場A　取引価格　100,000円

市場B　取引価格　80,000円

取引価格10万円と8万円の市場があるときは、10万円で販売できるのであれば10万円を時価とする。

同じ商品・製品を複数の市場に販売しているときは加重平均を時価とする

販売個数を考慮しない平均

店頭分　100円
学校分　90円
ホテル分　80円

単純平均
＝(100円＋90円＋80円)÷3
＝90円

販売個数を加味した平均

店頭分
10個
10個
10個
10個
10個

学校分
10個
10個
10個

店頭分
10個
10個

100円×50個
＝5,000円

90円×30個
＝2,700円

80円×20個
＝1,600円

加重平均＝(5,000円＋2,700円＋1,600円)÷100個
　　　　＝93円

3章　棚卸資産はどのように評価するのか

3-8 評価額の切下げと費用計上

正味売却価額が取得原価より下落したときは…

低価基準では、「取得原価≦正味売却価額」のときはそのまま取得原価を貸借対照表価額としますが、「取得原価＞正味売却価額」のときは正味売却価額を貸借対照表価額とします。

では、期末時点で「取得原価＞正味売却価額」となっている場合は、どのような会計処理を行なうのでしょうか？

これについて、棚卸資産会計基準では、取得原価と正味売却価額との差額はその会計期間の費用として処理する、と規定しています。

たとえば、その差額が10万円であった場合は、次のような仕訳を行ないます。

（借方）商品評価損　100,000円	（貸方）繰越商品　100,000円

ところで、棚卸資産会計基準が公表される前は、正味売却価額が取得原価より低くなった原因ごとに、計上する区分が分かれていました。これについての詳細な説明は割愛しますが、物理的な劣化、経済的な劣化、市場の需給変化などの原因ごとに、製造原価、売上原価、販売費、営業費、営業外費用または特別損失に分けて計上されていたのです。

これに対して、棚卸資産会計基準では、収益性が低下したことによる簿価の切下げを行なったときは、その簿価切下額は「売上原価」とすると規定しています。

この「収益性」とは、収益を得る能力のことです。そして、「簿価切下額」とは、低価基準にもとづき、正味売却価額が取得原価より低くなったことによって費用として処理される取得原価と正味売却価額の差額のことです。

かつては、正味売却価額が下落したことについて、その原因によって簿価切下額をどの費用とするかということが決められていました。しかし、棚卸資産会計基準では、正味売却価額が下落したという事実に着目

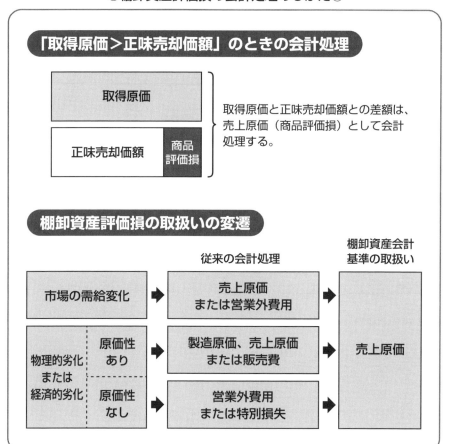

することで、その原因ごとに区分して会計処理を行なう意義は少ないとの考え方に立ち、簿価切下額をすべて売上原価として処理することとしています。

　ただし、収益性の低下が、原材料の品質低下といった棚卸資産の製造に関連して不可避的に発生するものであるときは、簿価切下額は「製造原価」として処理します。また、重要な事業部門の廃止や災害損失の発生など、臨時の事象に起因し、かつ、多額であるときには、「特別損失」に計上します。

3-9 低価法による場合の洗替え法と切放し法

損益に与える影響はどちらの方法も変わらない

　低価基準は、**低価法**によって会計期間の末日の棚卸資産を評価しますが、この低価法はさらに**洗替え法**と**切放し法**に分けられます。

　洗替え法と切放し法の違いは、**戻入れを行なうかどうか**で、戻入れを行なう方法が「洗替え法」、戻入れを行なわない方法が「切放し法」です。「戻入れ」とは、会計期間の末日に収益性の低下による簿価切下げを行なった棚卸資産に対し、その次の会計期間に切り下げた分を元に戻すことです。

　したがって、洗替え法では、会計期間の末日に簿価切下げを行なっても、その次の会計期間に戻入れを行なうので、会計期間が変わっても取得原価は変わらないままです。一方、切放し法では、会計期間の末日に簿価切下げを行なうと、その次の会計期間では切下げ後の簿価をもって時価と比較することになります。

　しかし、洗替え法を採用した場合であっても、時価が回復しなければ、戻入額と同額以上の簿価切下額が会計期間の末日に計上されるため、損益に与える影響は切放し法による場合と変わらないことになります。

　このようなことから、棚卸資産会計基準では、洗替え法と切放し法のいずれの適用も認められています。さらに、棚卸資産の種類ごとに両者から選択して適用したり、物理的劣化や経済的劣化、もしくは市場の需給変化といった売価の下落要因に分けて把握できる場合には、その要因ごとに選択して適用することもできます。ただし、いったん採用した方法は、原則として、継続して適用しなければなりません。

洗替え法で注意するポイント

　洗替え法に関しては注意点があります。

　その1つは、重要な事業部門の廃止や災害損失の発生が原因で特別損失に計上した評価損については、洗替え法を適用していても戻入れを行

◎「洗替え法」と「切放し法」の違い◎

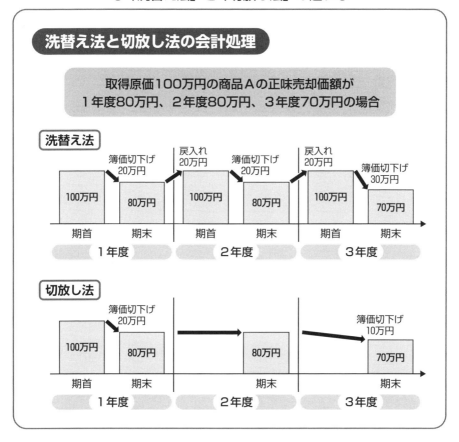

なってはならないとされています。特別損失に評価損を計上するときは、そもそも評価額が戻ることはないということが前提となっているからです。むしろ、特別損失に評価損を計上するような状態の棚卸資産には、洗替え法の適用は認められないと言い換えることができるでしょう。

もう1つの注意点は、前期に行なった簿価切下額の戻入額の損益計上区分と、その会計期間に行なう簿価切下額の損益計上区分は同じものとしなければなりません。たとえば、売上原価に戻入れを行なった棚卸資産に対して簿価切下げを行なうときは、売上原価として計上しなければなりません。

3-10 営業循環過程からはずれた棚卸資産

売れ残った商品・製品の評価方法は

　商品や製品は、必ずしもすべて販売されるとは限りません。いわゆる「売れ残り」といわれるものが、図らずも生じてしまいます。そして、このような商品や製品は、販売価格を下げたり、または販売できないものとして処分されたりします。

　棚卸資産会計基準では、このような売れ残りの商品や製品について、「営業循環過程からはずれた滞留または処分見込等の棚卸資産」として、その評価の方法を2つ示しています。

　なお、「営業循環」とは、製造業の場合でいえば、「現金→材料→仕掛品→製品→売掛金→現金」というような事業における「もの」や「かね」の流れ（循環）を指し、「滞留」とは、その流れのなかで正常に流れずに長期間とどまっていることを指します。

> ①帳簿価額を処分見込価額（ゼロまたは備忘価額を含む）まで切り下げる方法
> ②一定の回転期間を超える場合、規則的に帳簿価額を切り下げる方法

　①の方法は、通常の価格からいわゆる処分価格まで引き下げたときは、その価格を時価とするということです。さらに、販売そのものができないときは、0または**備忘価額**（実質的には価値がないものの、価額を0とすると帳簿上に残らなくなることから、何らかの理由でそれを避けるために、1円などの少額でその資産を計上しておく価額）とすることになります。

　②の方法の「回転期間」とは、ある棚卸資産がすべて販売されるために要する期間です。たとえば、保有する棚卸資産の価額が150万円で、その年間販売額が600万円（原価）であるとすると、回転期間は0.25年

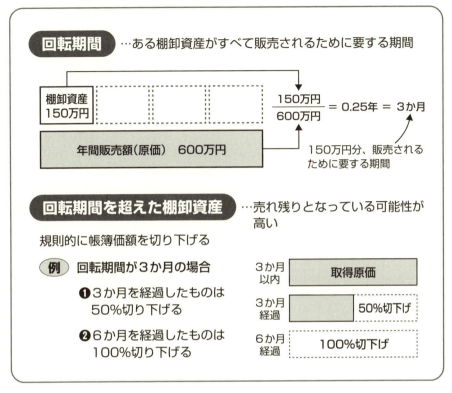

（＝150万円÷600万円）、すなわち3か月ということになります。

　もし、この棚卸資産が3か月を超えても販売されない場合、それは売れ残りとなっている可能性が高いといえます。したがって、その棚卸資産については、規則的に帳簿価額を切り下げる必要があります。

　「規則的な帳簿価額の切下げ」とは、たとえば、「3か月を経過したものは50％切り下げる、6か月経過したものは100％切り下げる」というような方法です。

　ただし、売れ残りと判断するための回転期間はどれくらいが妥当か、どのタイミングでどれくらい切下げを行なうことが妥当か、ということについては、それぞれの会社の状況や個々の棚卸資産の特性を鑑みて適切に判断することが求められています。

3-11 正味売却価額がマイナスの場合の対応

正味売却価額がマイナスでも売りたいときは

　3－5項で説明したように、正味売却価額は、売価から見積追加製造原価と見積販売直接経費を差し引いた価額ですが、売価が低くなると、正味売却価額がマイナスとなることがあります。

　このような状態では、その棚卸資産を販売することによって損失が発生することになりますが、それでもその**棚卸資産を保有し続けることによる損失のほうが大きい**と見込まれる場合は、損失が発生してもその棚卸資産を売却することがあります。

　たとえば、パーソナルコンピュータはモデルチェンジが行なわれると、時価は急激に下がります。そのため、旧式のものを取得原価で販売しようとしてもすべて売れるとは限らず、売れ残ってしまったものは、取得原価そのものが損失になるだけでなく、それを廃棄する費用も発生してしまいます。このような場合においては、正味売却価額がマイナスとなっても、販売することのほうが妥当ということが起きます。

　それでは、正味売却価額がマイナスとなったときは、どのような会計処理を行なうのでしょうか？

　たとえば、取得原価5万円のパーソナルコンピュータの売価が1万円、見積追加製造原価が0円、見積販売直接経費が2万円であったとします。この場合、正味売却価額は▲1万円（＝売価1万円－見積追加製造原価0円－見積販売直接経費2万円）となります。このとき、取得原価5万円をすべて切り下げても、マイナス分の1万円を反映することはできません。

　これに関し、棚卸資産会計基準では、企業会計原則注解（注18）に従い、「**引当金**」として損失計上すべき旨が記載されています。この企業会計原則注解（注18）には、次のような引当金を計上するための4つの要件が示されています。

①将来の特定の費用または損失である

◎正味売却価額のマイナス部分は引当金として損失計上する◎

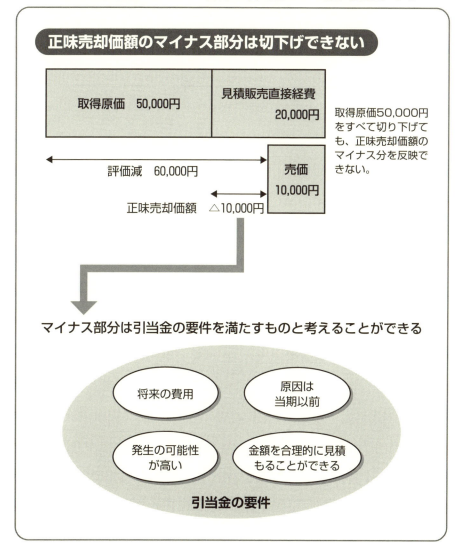

②その発生が当期以前の事象に起因している
③その発生の可能性が高い
④その金額を合理的に見積もることができる

　引当金に関する詳細な説明は割愛しますが、正味売却価額のマイナス部分はこの引当金の要件を満たしていると考えることができます。

3-12 再調達原価を時価とするときは

付随費用をプラスする

3-5項で説明したように、棚卸資産会計基準における時価は、正味売却価額が原則ですが、これに代えて**再調達原価**を適用することも認められています。

「再調達原価」とは、購買市場の価額に付随費用を加えた価額です(「購買市場」とは、3-4項で説明した概念的な市場のことで、売る側からみれば「売却市場」であり、買う側からみれば「購買市場」です)。

> 再調達原価 ＝ 購買市場の時価 ＋ 付随費用

「付随費用」については、3-3項で説明しましたが、この計算式で使う付随費用は、すでに保有している棚卸資産を購入したときと同じものとしなければなりません。

なぜなら、再調達原価は取得原価と比較を行ないますが、その取得原価に含まれる付随費用と異なる金額で再調達原価を計算すると、正しく比較することができなくなるからです。

ただし、付随費用が少額であるなど重要性が低い場合は、付随費用を含めずに、購入市場の時価をそのまま再調達原価として使用することもできます。

また、**最終仕入原価**を再調達原価として使用することも認められています。

「最終仕入原価」とは、その棚卸資産を購入したときの価格のうち、会計期間の末日から最も近い日に購入したときの価格に、付随費用を加えた金額です。

ただし、これはその棚卸資産の購入頻度が多いことが前提であり、数か月かそれ以上の期間に1回程度しか購入しない棚卸資産には適していません。

◎「再調達原価」とは◎

再調達原価 …購買市場の時価 ＋ 付随費用

すでに保有しているものに合わせる

- 原材料など、見積追加製造原価などの計算が複雑な場合は、時価として使用できる。
- 最終仕入原価を再調達原価とすることも可。
- 正味売却価額が再調達原価に歩調を合わせて動くことが前提。すなわち、「正味売却原価＞再調達原価」となっていなければならない。

なぜ再調達原価の適用が認められるのか

ところで、棚卸資産会計基準では、なぜ再調達原価の適用を認めているのでしょうか？

これは、製造業などでは、正味売却価額よりも再調達原価のほうが把握しやすいことがあるからです。

正味売却価額を計算するときは、その棚卸資産の見積追加製造原価や見積販売直接経費を計算しなければなりませんが、製造工程の始めの段階にある原材料は、その後の工程が長いため、そこで発生する見積追加製造原価や見積販売直接経費の計算が複雑となります。そこで、その計算のわずらわしさを省くために、再調達原価の適用が認められているのです。

ただし、再調達原価を適用するためには、正味売却価額がその再調達原価に歩調を合わせて動くことが前提となっています。たとえば、原材料の価格が上昇しても、ただちに最終製品の価格に転嫁できない製品には適用できません。したがって、つねに「**正味売却価額＞再調達原価**」となっている必要があります。また、再調達原価を適用する場合、それを継続して適用することも条件となっています。

3-13 評価額を切り下げるときの単位は？

補完的な関係にあればグループ単位もOK

3-8項で説明した評価額の切下げは、原則として個別に行ないます。ただし、複数の棚卸資産を一くくりとしたグループ単位で行なうことが適切と判断されるときは、その**グループ単位で評価額の切下げを行なう**ことが認められています。

では、どのような棚卸資産について、グループ単位で評価額の切下げを行なうことが適切なのでしょうか？

たとえば、贈答用の夫婦茶碗のようなものが考えられます。補完的な関係にある2つの棚卸資産がそろっていれば、あわせて3,000円で販売できるものの、片方ずつであれば、それぞれ1,000円でしか売れないことも考えられます。そこで、このような夫婦茶碗は、1つずつの販売価格の1,000円から正味売却価額を計算するよりも、2つあわせた販売価格である3,000円から、両者を一くくりとした正味売却価額を算出することが妥当といえるでしょう。具体的な金額でみてみましょう。

この夫婦茶碗のそれぞれの取得原価が1,200円ずつで、見積追加製造原価と見積販売直接経費は発生しないものとした場合、会計期間の末日の貸借対照表価額は次のように判断されます。

- 取得原価2,400円＝男性用1,200円＋女性用1,200円
- 正味売却価額3,000円＝売価3,000円
- 取得原価2,400円≦正味売却価額3,000円

　　　　　　　→貸借対照表価額2,400円：簿価切下げなし

仮に、それぞれの茶碗を一くくりとせずに、個別に判断した場合は、次のようになります。

- 取得原価1,200円
- 正味売却価額1,000円＝売価1,000円
- 取得原価1,200円＞正味売却価額1,000円

　　　　　　　→貸借対照表価額1,000円：簿価切下げ200円

◎補完的な関係にある棚卸資産はグループで考える◎

		取得原価		正味売却価額		簿価切下げ
×	夫	1,200円	>	1,000円	→	200円
×	妻	1,200円	>	1,000円	→	200円
○	夫 妻	2,400円	<	3,000円	→	なし

　このように、個別に貸借対照表価額を判断すると、正常な収益性を反映しているとはいえないことになります。

　では、何らかの事情により、夫婦茶碗のセットでの価格が2,000円となったときはどうなるでしょうか？

- 取得原価2,400円＝男性用1,200円＋女性用1,200円
- 正味売却価額2,000円＝売価2,000円
- 取得原価2,400円＞正味売却価額2,000円

　　　　　　　　→貸借対照表価額2,000円：簿価切下げ400円

　このときの簿価切下げは、複数の棚卸資産のいずれかに収益性低下の原因があるときは、その棚卸資産に対して簿価切下げを行なうことが妥当でしょう。しかし、収益性低下の原因がどの棚卸資産にあるか明確でない場合は、それぞれの価額で案分して簿価切下げを行なうことが適切であると考えられます。

　また、この例だけでなく、同じ製品に使われる材料、仕掛品および製品を1グループとして扱う場合も、グループ単位で簿価切下げを行なうことが適切であるとされています。

　なお、グループ単位で評価額の切下げを行なう場合は、その会社はこれを継続的に行なうことが条件となっています。

3-14 棚卸資産の評価方法のあらまし

出庫時の価額の計算にはいくつかの方法がある

　1−4項で触れた**棚卸資産の評価方法**について、その概要からみていきましょう。

　「棚卸資産の評価方法」とは、かみくだいていえば、倉庫で保管していた棚卸資産を製品の製造のために使用したり、顧客へ販売したりするときに、その出庫する棚卸資産の価額（これを**払出原価**といいます）を計算する方法です。

　もちろん、棚卸資産を倉庫に入庫するときは、それを購入（または製造）したときの価額は明らかであるので、一見すると、出庫するときの棚卸資産の価額も明確になっていると考えられます。

　しかし、入庫するときの棚卸資産の価額は一定ではなく、そのタイミングによって異なることがあります。そこで、出庫する棚卸資産の価額は、いつ入庫したときのものの価額を使うのか、または倉庫にある棚卸資産の価額の平均値を使うのか、といったことが考えられます。

　これは、会社の事業や棚卸資産の特性などから、適切な方法を選んで決めることになりますが、この方法が棚卸資産の評価方法ということになります。

　具体的には、現在、棚卸資産会計基準で認められている評価方法には、次のようなものがあります。

```
①個別法
②先入先出法（FIFO）
③平均原価法（総平均法と移動平均法）
④売価還元法
⑤最終仕入原価法
```

　なお、かつては「後入先出法」（LIFO）という評価方法もありま

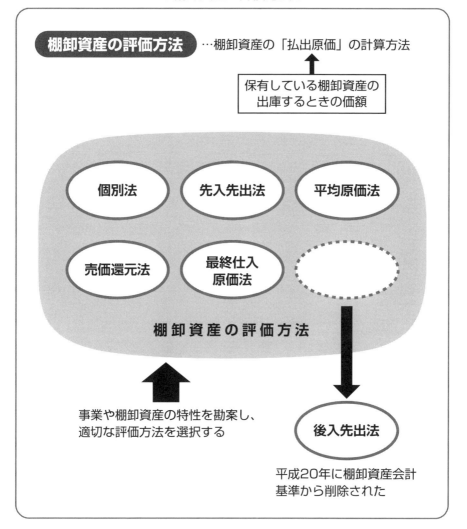

した。しかし、平成20年(2008年)に棚卸資産会計基準が改正されたときに、この方法は削除され、平成22年4月以降に開始する事業年度からは使用できなくなっています。

これは、国際財務報告基準(IFRS)では、平成15年から後入先出法の使用が認められなくなっていることから、日本の会計基準においてもこれにあわせるべきとの判断があったことが主な要因のようです。

3-15 「個別法」による評価のしかた

正確に把握できるが記録等の労力が大きい

　棚卸資産の評価方法のうち、**個別法**は、それぞれの棚卸資産に関する原価を個別に記録していき、貸借対照表価額を求める方法です。

　具体的には、1つひとつの棚卸資産とその取得原価を紐づけして記録しておく方法です。そのため、払出原価や会計期間の末日に保有している棚卸資産の価額を正確に把握することができます。また、実際の取得原価にもとづいて評価額が算定されているという点から、客観性の高いものとなります。

◎個別法のメリット・デメリット◎

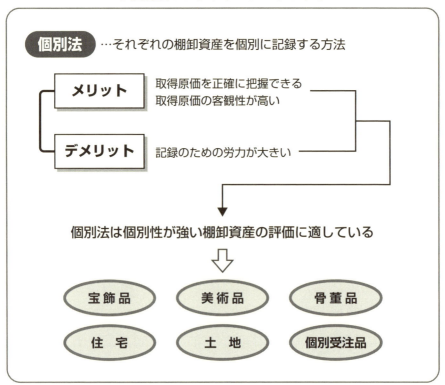

【個別法による商品有高帳の記載例】

(単位:円)

日付	摘要	受入			払出			残高		
		数量	単価	金額	数量	単価	金額	数量	単価	金額
4. 1	前月繰越	2	100,000	200,000				2	100,000	200,000
4.11	仕入	1	150,000	150,000				2	100,000	200,000
								1	150,000	150,000
4.15	売上				1	100,000	100,000	1	100,000	100,000
								1	150,000	150,000
4.21	仕入	1	200,000	200,000				1	100,000	100,000
								1	150,000	150,000
								1	200,000	200,000
4.26	売上				1	150,000	150,000	1	100,000	100,000
								1	200,000	200,000
4.30	次月繰越				1	100,000	100,000	0	0	0
					1	200,000	200,000			

(※)この記載例は、種類の異なる商品を同一の商品有高帳に記載する方法によるものです。

　その一方で、棚卸資産の取得原価をすべて記録するため、他の評価方法と比較して労力が大きい方法です。したがって、個別法は、個別性が強い棚卸資産の評価に適した方法です。具体的には、宝飾品、美術品、骨董品、販売用住宅、販売用土地、個別受注の製品などに適しています。
　具体的に理解してもらうために、個別法による商品有高帳の記載例を示しておくと上表のとおりです。

3-16 「先入先出法」による評価のしかた

実態に近いが価格変動の大きいものには不向き

先入先出法は、最初に取得したものから順に棚卸資産が払い出されるとみなして記録する方法です。これを示す英文の「First-In, First-Out Method」の略語である「ＦＩＦＯ」と呼ばれることもあります。

上記の説明に「みなして」とあることからもわかるように、個別法とは異なり、先入先出法では実際の棚卸資産と帳簿上の棚卸資産を紐づけしません。しかし、多くの場合、先に取得した棚卸資産は先に払出しをするので、両者の動きはほぼ一致しているといえます。そのため、先入先出法によって算定された棚卸資産の価額は、実態に近いものとなります。

◎先入先出法の特徴◎

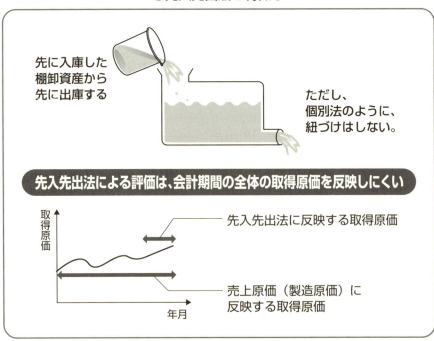

【先入先出法による商品有高帳の記載例】

(単位:円)

日付	摘要	受入			払出			残高		
		数量	単価	金額	数量	単価	金額	数量	単価	金額
4. 1	前月繰越	100	100	10,000				100	100	10,000
4. 6	仕入	60	110	6,600				100	100	10,000
								60	110	6,600
4.11	売上				100	100	10,000	40	110	4,400
					20	110	2,200			
4.19	仕入	80	120	9,600				40	110	4,400
								80	120	9,600
4.24	売上				40	110	4,400	40	120	4,800
					40	120	4,800			
4.30	次月繰越				40	110	4,800	0	0	0

(※)この記載例は、同じ種類の棚卸資産だけを1つの商品有高帳に記入したものです。

　しかし、売上原価または製造原価は、会計期間を通して算定されるものであるのに対し、先入先出法での棚卸資産の評価額は期末に近い日のものとなるため、両者で乖離が起きることがあります。

　たとえば、会計期間が1年のある小売店で、1年間で1,000個を販売した商品の会計期間の末日の有高が100個、その商品100個の評価額が10万円であったとします。もし、この商品の取得原価が1年を通して一定であったとすれば、売上原価は100万円（＝10万円÷100個×1,000個）ということになります。

　しかし、会計期間の始まりのころの取得原価が会計期間の終わりのころより低ければ、売上原価は100万円より少なくなります。逆に、会計期間の始まりのころの取得原価が会計期間の終わりのころより高ければ、売上原価は100万円より多くなります。

　したがって、価格の変動の大きい棚卸資産を先入先出法で評価している場合は、貸借対照表の価額が売上原価や製造原価に反映されていないことが多い、ということに注意が必要です。

3-17 「平均原価法」による評価のしかた

総平均法または移動平均法によって平均原価を算出する

平均原価法は、棚卸資産の原価の平均を算出し、それを貸借対照表価額とする方法です。原価の平均の求め方にはいくつかありますが、棚卸資産会計基準では総平均法と移動平均法の2つを示しています。

まず、「総平均法」は、ある期間の期首の棚卸資産の取得原価とその期間中に取得した棚卸資産の取得原価の加重平均を払出原価とする方法です。

総平均法による払出原価
= （期首の棚卸資産の金額＋期間中に取得した棚卸資産の金額）
÷ （期首の棚卸資産の数量＋期間中に取得した棚卸資産の数量）

先入先出法とは異なり、総平均法ではある期間の取得原価の平均値を取得原価とするため、売上原価や製造原価との乖離が少なくなるという長所があります。ただし、ある期間が終了するまでは取得原価を計算できないという短所があります。なお、「ある期間」とは、会社が任意に決めることができ、会計期間が1年の会社の場合、それを1年とするほか、半年、3か月、1か月などを選択することもできます。このうち、

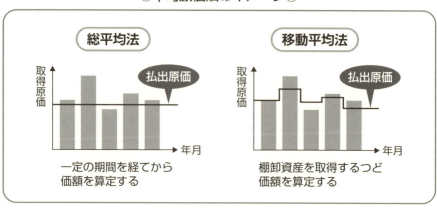

◎平均原価法のイメージ◎

【総平均法による商品有高帳の記載例】

(単位:円)

日付	摘要	受入			払出			残高		
		数量	単価	金額	数量	単価	金額	数量	単価	金額
4. 1	前月繰越	60	100	6,000				60		
4. 5	仕入	100	120	12,000				160		
4.12	売上				120	117	14,000	40		
4.18	仕入	80	125	10,000				120		
4.25	売上				60	117	7,000	60	117	7,000
4.30	次月繰越				60	※117	7,000	0	0	0

(※) 末日の単価=(6,000円+12,000円+10,000円)÷(60個+100個+80個)≒117(期間中の払出時の単価は、期間終了後に記入します)

【移動平均法による商品有高帳の記載例】

(単位:円)

日付	摘要	受入			払出			残高		
		数量	単価	金額	数量	単価	金額	数量	単価	金額
4. 1	前月繰越	60	100	6,000				60	100	6,000
4. 5	仕入	100	120	12,000				160	(※1) 113	18,000
4.12	売上				120	113	13,500	40	113	4,500
4.18	仕入	80	125	10,000				120	(※2) 121	14,500
4.25	売上				60	121	7,250	60	121	7,250
4.30	次月繰越				60	121	7,250	0	0	0

(※1) 4月5日の単価=(6,000円+12,000円)÷(60個+100個)≒113円
(※2) 4月18日の単価=(4,500円+10,000円)÷(40個+80個)≒121円

　1年で計算する場合の評価方法を「年次総平均法」、1か月で計算する場合の評価方法を「月次総平均法」と呼ぶことがあります。
　一方、「移動平均法」は、棚卸資産を新たに取得するたびに、それまでの棚卸資産の取得原価と新たな棚卸資産の取得原価の加重平均を計算し、それを払出原価とする方法です。この方法は、総平均法とは異なり、一定期間の末日を待たなくても払出原価を把握することができるという長所がありますが、新たな棚卸資産の取得のたびに加重平均を求めることから、総平均法よりも労力が必要となるという短所があります。

3-18 「売価還元法」による評価のしかた

おおまかな評価方法で小売業に認められている

　売価還元法は、性質の似ている商品をグループにして、その商品の会計期間の末日の売価での合計額に原価率をかけたものを棚卸資産の価額とする評価方法です。

　このおおまかな評価方法は、きわめて多品種の棚卸資産を取り扱う小売業などで用いられています。すなわち、スーパーマーケットやコンビニエンスストアなどの小売業では、多くの種類の商品を多量に販売していることから、個別法はもちろん、先入先出法や平均原価法の適用も現実的に困難であることから、売価から棚卸資産の評価額を求める方法が認められています。

　そして、連続意見書第四では、売価還元法について「商品の自然的分類（形状、性質、等級等の相違による分類）にもとづく品種の差異をある程度無視し、異なる品目を値入率、回転率の類似性にしたがって適正なグループにまとめ、1グループに属する期末商品の売価合計額に原価率を適用して求めた原価額を期末商品の貸借対照表価額とする」としています（同第一の二の4）。

　「値入」とは、仕入れた商品に利益を加えてその商品の販売価格を決めることで、「値入率（売価）」とは、加えた利益の売価に対する比率をいいます。計算式で示すと次のようになります。

　　値入率（売価）（％）＝（販売価格－原価）÷ 販売原価 × 100

　「回転率」とは、会計期間（通常は1年）の間に販売されるその棚卸資産の金額が、保有している棚卸資産の金額の何倍であるかを示す指標で、次の式によって計算されます。

　　回転率（回）＝ 売上原価 ÷ 棚卸資産残高

　たとえば、回転率が12回であれば、「この棚卸資産は1年間で12回転する」といい、すなわちその棚卸資産を1か月分保有しているということを示しています。

◎売価還元法のイメージ◎

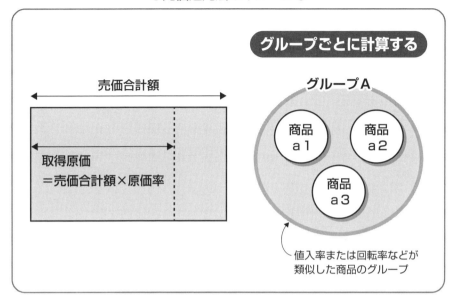

　前述の連続意見書第四に説明を戻すと、売価還元法を計算するときは、品目ごとにグループを構成するのではなく、品目が異なっていても値入率や回転率などが類似するもので構成したグループで計算を行ないます。ただし、グループを大きくし過ぎると評価額が不正確となり、一方でグループを小さくし過ぎると計算の労力が大きくなることから、グループの大きさが適切なものとなるよう、会社ごとに設定することが求められています。

　最後に、連続意見書第四では、原価率の計算式を次のように示しています。

　　原価率 ＝（期首繰越商品原価＋当期受入原価総額）÷
　　　　　　（期首繰越商品小売価額＋当期受入原価総額＋原始値入額
　　　　　　＋値上額－値上取消額－値下額＋値下取消額）

　この計算式は一見複雑ですが、分子は前期から繰り越された商品と当期に仕入れた商品の合計額を、分母は前期から繰り越された商品の販売価格での評価額と販売によって実際に得られた金額の合計額を示すものです。

3-19 「最終仕入原価法」による評価のしかた

簡便に計算できるが正確性に劣る

　最終仕入原価法は、取得原価のうち会計期間の末日に最も近い日の取得原価（＝最終仕入原価）を、期末棚卸資産の価額とする方法です。

　これは、会計期間の終わりに近い期間の取得原価を評価額に反映するという点で、先入先出法に似ています。また、最終仕入原価以外の会計期間中の取得原価を記録する必要がないため、棚卸資産の評価を簡便に行なうことができます。

　しかし、最終仕入原価が、必ずしも会計期間の末日の棚卸資産のすべての価額を反映しているとは限らず、無条件に適用が認められるものではありません。

◎最終仕入原価法のイメージ◎

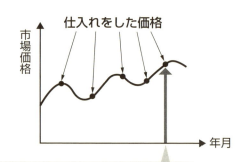

最終仕入原価法を適用できる条件

❶ 期末棚卸資産の大部分が最終仕入原価で取得されている
❷ その棚卸資産が少量であるなど、重要性が乏しい

【最終仕入原価法による商品有高帳の記載例】

(単位:円)

日付	摘要	受入			払出			残高		
		数量	単価	金額	数量	単価	金額	数量	単価	金額
4.1	前月繰越	120	80	9,600				120	80	9,600
4.8	仕入	80	90	7,200				200		
4.15	売上				100			100		
4.23	仕入	100	100	10,000				200		
4.26	売上				80			120	100	12,000
4.30	次月繰越				120	100	12,000	0	0	0

(※) この場合の払出原価は、14,800円(=期首残高9,600円+4月8日仕入れ分7,200円+4月23日仕入れ分10,000円−期末残高12,000円)となります。

つまり、この方法は、会計期間の末日に近い期間に取得した棚卸資産はほぼ正確に評価されるものの、それ以外の期間に取得した棚卸資産は正確に評価されない可能性が高いことから、棚卸資産会計基準では、限定的な条件のもとでのみの適用を認めています。

この最終仕入原価法の適用が認められる条件とは、会計期間の末日の棚卸資産の大部分が最終仕入原価である場合や、棚卸資産が少量であるなど重要性が乏しい場合です。

このように、簡便な方法である最終仕入原価法を用いるときは、会社の資産の状況や利益の状況に大きな影響を与えることがないかどうかということを、慎重に判断しなければなりません。

3-20 「売価還元低価法」による評価のしかた

低価基準にもとづく評価方法といえるか

まず、3-18項で説明した売価還元法と低価基準の関係について説明します。

「低価基準」は、取得価額と時価のいずれか小さいほうの金額を貸借対照表価額とすることであることから、「期末の売価合計額に、原価率を乗じて求めた金額を期末棚卸資産の価額とする方法」である売価還元法で求める棚卸資産の評価額は、結果としてそのまま低価基準にもとづく評価額を反映しているように思えます。

しかし、棚卸資産会計基準では、売価還元法を用いている場合でも、会計期間の末日の正味売却価額が売価還元法で算出した価額よりも下落している場合には、正味売却価額を貸借対照表価額とする旨を規定しています。

これは、売価還元法の「売価」は、値下げを見込んで値入されることがあり、必ずしも「売価＝時価」とは限らないため、このように規定されていると考えられます。

一方で、棚卸資産会計基準では、売価還元法の計算で、値下額等が売価合計額に反映されている場合には、その計算結果は収益性の低下にもとづく簿価切下額を反映したものと**みなす**旨を定めています。

売価還元法による棚卸資産の価額を求めるときに、値下額等を売価合計額に反映させる方法を**売価還元低価法**といいます。これは、売価還元法の1つで、これに対し、3-18項で示した売価還元法は「売価還元平均原価法」といいます。

売価還元低価法の原価率 ＝ （期首繰越商品原価＋当期受入原価総額）
　　　　　　　　　　　÷ （期首繰越商品小売価額＋当期受入原価総額＋原始値入額＋値上額－値上取消額）

したがって、次の計算式で計算された価額は、収益性の低下にもとづく簿価切下額を反映した価額とみなすことができます。

◎売価還元平均原価法と売価還元低価法による簿価の求め方◎

売価合計額	A
値下額等が反映された売価合計額 ┆値下額等┆	A′
期首繰越商品原価＋当期受入原価総額	B
期首繰越商品小売価額＋当期受入原価総額＋原始値入額＋値上額－値上取消額－値下額＋値下取消額	C
期首繰越商品小売価額＋当期受入原価総額＋原始値入額＋値上額－値上取消額 ┆値下額－値下取消額┆	C′

$$\text{売価還元平均原価法による帳簿価額} = A \times \frac{B}{C}$$

$$\text{売価還元低価法による帳簿価額} = A' \times \frac{B}{C'}$$

売価還元低価法による帳簿価格
　　　＝値下額等が反映された売価合計額 × 売価還元低価法の原価率

　売価還元低価法の原価率は、計算式の分母から値下額および値下取消額を除外しているので、売価還元平均原価法の原価率と比較して低くなります。しかし、原価率が低くなっているとはいえ、これが収益性の低下にもとづく簿価切下額を反映した場合と同じ金額を計算できることにはなりません。そこで、前述のように「みなす」という表現が使われているわけですが、このようなことが認められている背景には、実務上の簡便さへの考慮があるようです。

バリュー・チェーンと棚卸資産の価値

　棚卸資産の価額については、主に会計的な観点から把握されますが、製品または商品として棚卸資産を見るときは、どのような活動にもとづいて価額が決まるのかという分析が行なわれることがあります。

　その代表的なものは、米国の経営学者であるポーターが提唱した「**バリュー・チェーン（価値連鎖）分析**」です。これは、価値（Value）を産むための活動が連鎖（Chain）しているものが事業活動であるという観点でとらえ、自社の活動のどの部分が価値を産み出しているのかを分析するものです。

　この分析手法によれば、事業のバリュー・チェーンは5つの主活動と、4つの支援活動の、あわせて9つの活動から成り立っています。

主　活　動	支　援　活　動
購買物流	全般管理
製造	人事・労務管理
出荷物流	技術開発
販売・マーケティング	調達活動
サービス	

　バリュー・チェーン分析の考え方からみると、棚卸資産の価額は、主に主活動に関わる費用を集計している、ということになります。

　しかし、製品や商品として販売されるときには、主活動だけでなく支援活動が産み出す価値も含まれていることになります。最近の製品・商品は、「会社のイメージがよい（全般管理）」「スタッフの応対がよい（人事・労務管理）」「技術が信頼できる（技術開発）」といった要因で評価されることが多くなってきています。

　経営者としては、財務会計の観点にとどまらず、顧客の視点からの分析を行なうことで、棚卸資産の価値を高める必要性が高まっていると考えられます。

4章

棚卸資産の評価額に関係する原価計算のしくみ

棚卸資産の評価額を決めることは重要なプロセスです。

4-1 そもそも原価計算とは何か

原価計算は棚卸資産の評価額に関係してくる

原価計算とは、「製品を製造するために要した『原価』を集計する手続き」のことです。したがって、原価計算をどのように行なうのかということは、3章で説明した評価基準や評価方法と同様に、棚卸資産の評価額に関係する重要な要素です。

なお、この「原価」には、販売費や一般管理費を含める場合もありますが、本書では棚卸資産の製造に要するものを指す狭い意味での原価として説明していきます。

また、原価計算は製造業における製品だけでなく、サービス業におけるサービスに対しても行なわれることがありますが、本書では棚卸資産に関するものに限定するため、製造業に関する原価計算を説明します。

ところで、原価計算については、昭和37年に大蔵省会計審議会によって**原価計算基準**が示されています。これは、日本の原価計算の慣行を要約したもので、現在の日本で行なわれる原価計算の規範となっています。

その原価計算基準では、原価計算の目的として、①財務諸表作成、②売価決定、③原価管理、④予算編成、⑤経営計画設定をあげています。

原価計算は、もともと原価をコントロールすることを目的に行なわれるようになった経緯もあり、経営者が行なう管理に関することが目的として多くあげられていますが、棚卸資産の価額を求めるためにも重要な手続きであることには変わりがありません。

原価計算の種類は、まず次の3つの区分があります。

①原価の対象による区分 → 個別原価計算と総合原価計算
②原価の性格による区分 → 実際原価計算と標準原価計算
③原価の範囲による区分 → 全部原価計算と直接原価計算

これら3つの区分によって、「個別・実際・全部原価計算」や「総合・

◎原価計算の目的と種類◎

原価計算 …製品を製造するために要した原価を集計する手続き

原価計算の目的
- 財務諸表作成
- 売価決定
- 原価管理
- 予算編成
- 経営計画設定

原価計算の種類

原価の対象による区分 （個別原価計算、総合原価計算） 原価の性格による区分 （実際原価計算、標準原価計算） 原価の範囲による区分 （全部原価計算、直接原価計算）	●個別・実際・全部原価計算 ●総合・実際・全部原価計算 ●（個別・標準・全部原価計算） ●総合・標準・全部原価計算 ●個別・実際・直接原価計算 ●総合・実際・直接原価計算 ●（個別・標準・直接原価計算） ●総合・標準・直接原価計算

標準・全部原価計算」など、理論上8つの種類の原価計算があります。ただし、個別原価計算と標準原価計算の考え方は相いれないため、「個別・標準・全部原価計算」と「個別・標準・直接原価計算」の2つは実際には行なわれず、残りの6つが実際に行なわれています。

　また、個別原価計算は、生産単位によって「一般的な個別原価計算」と「ロット別個別原価計算」に、総合原価計算は製品の種類によって「単純総合原価計算」「等級別総合原価計算」と「組別総合原価計算」などに、原価の集計方法によって「単一工程総合原価計算」と「工程別総合原価計算」などに分けられます。次項以降で、これらのなかから代表的な原価計算について説明していきます。

4-2 原価とは何か

「原価」と「非原価」を理解しておく

それぞれの原価計算の種類を理解するためには、**原価**とはどういうものかということについて知っておく必要があります。

原価計算基準では、「原価とは、経営における一定の給付にかかわらせて、把握された財貨または用役の消費を、貨幣価値的に表わしたものである」と述べています。端的にいえば、「**製品を完成させるために消費された財貨や用役を金額で表わしたもの**」ということです。

具体的には、「**材料費**」（副資材費や消耗品費も含む）、「**労務費**」（製造にかかわる従業員への給与など）、「**製造経費**」（製造に関連して発生する減価償却費、水道光熱費、固定資産税など）を指します。

逆に、原価でないコストである「**非原価**」をあげると、原価について理解しやすくなるでしょう。非原価とは、販売費、一般管理費、支払利息、その他製造にかかわらない経費などを指します。

原価と非原価の取扱いの違い

原価と非原価は、費用として処理されるタイミングにも違いがあります。

すなわち、原価はいったん棚卸資産（製品）として計上され、その製品が販売されたときに費用として処理されますが、非原価は発生した期間の費用（これを「**期間費用**」といいます）として処理されます。

たとえば、会計期間の末日が3月31日の会社で、3月に仕入れた材料が3月に完成し、4月に販売されたときは、その材料費は4月が属する会計期間の費用として処理されます（これを「**費用収益対応の原則**」といいます）。

したがって、3月に消費された材料費は製造原価として集計されたまま、3月31日時点で作成される貸借対照表には棚卸資産として計上されていることになります。

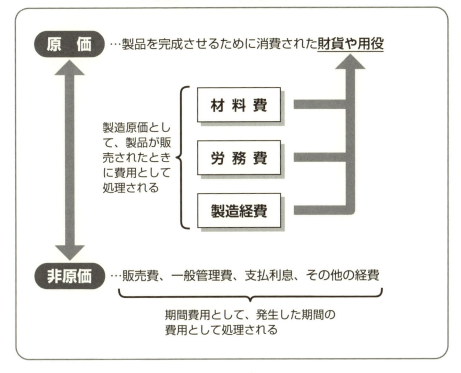

　これに対し、製造にかかわらない総務部門で働いている従業員への3月の給与が4月に支払われたときは、その給与は3月が属する会計期間の費用として処理されます。

　なお、非原価のうち販売費と一般管理費を「期間原価」、これに対して原価を「製造原価」とし、製造原価と期間原価を合わせたものを「総原価」と呼ぶこともありますが、前項で述べたように、本書では原価を棚卸資産の製造に要する限定的なものとして説明していきます。

　また、管理会計の考え方では、原価は、ここで説明したもの以外のさまざまなものを指すことがありますが、本書では、棚卸資産がテーマであることから、原価を財務会計の原価計算にもとづく考え方を前提に説明していきます。

4-3 賦課と配賦について知っておこう

原価には製造直接費と製造間接費がある

前項で説明した原価は、**製造直接費**と**製造間接費**に分けられます。

「製造直接費」とは、消費の対象となる製品が特定できる原価のことで、一方、「製造間接費」とは、消費の対象となる製品が特定できない原価のことです。製造直接費も製造間接費も、それぞれ材料費、労務費、製造経費に分けられます。

科目	製造直接費	製造間接費
材料費	直接材料費	間接材料費
労務費	直接労務費	間接労務費
製造経費	直接経費	間接経費

この6つに分けられた原価について、ドーナツを製造している会社を例に具体的にみてみると、下表のようになります。

科目	具体例	配賦基準の例
直接材料費	小麦粉・砂糖	―
間接材料費	揚げ器で使う油（他の製品と同じ揚げ器で揚げている場合）	直接材料費の割合で案分
直接労務費	ドーナツを製造する作業員の給与	―
間接労務費	ドーナツを包装する作業員の給与（他の製品も包装している場合）	作業時間の割合で案分
直接経費	ドーナツの成形機のリース料	―
間接経費	作業場の光熱費（同じ作業場で他の製品も製造している場合）	使用面積の割合で案分

このように、消費の対象となる製品を特定できるかどうかで、原価を製造直接費と製造間接費に分けます。

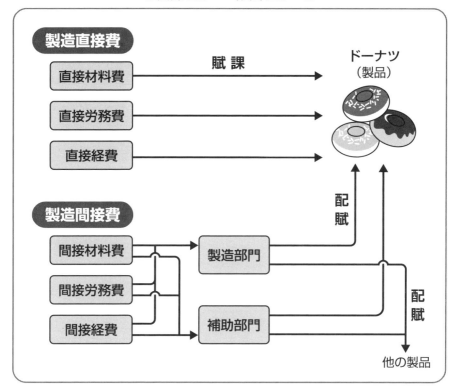

◎賦課とは？　配賦とは？◎

製造直接費は賦課、製造間接費は配賦を行なう

　製造直接費は、消費の対象となる製品が特定できるので、そのまま（直接）その製品の原価とします。このことを「賦課（ふか）」といいます。

　一方、製造間接費は、いったん、ある勘定科目に集計します。この勘定科目には、「部門」がよく使われています。具体的には、「製造部門」や「補助部門」などです。

　この部門に集計された原価は、一定の基準にしたがってそれぞれの製品の原価に振り分けられます。この原価を振り分けることを「配賦（はいふ）」といい、配賦する基準のことを**配賦基準**といいます。

　配賦基準の例としては、前述の揚げ器で使った油の代金をドーナツの直接材料費の金額の割合で案分したり、ドーナツを包装する作業員の賃金を作業時間の割合で案分したりすることをいいます。

4-4 個別原価計算と総合原価計算

製品別計算は2つに分けられる

　前項で、製造直接費の賦課と製造間接費の配賦について説明しましたが、このようにして原価を製品ごとに集計することを**製品別計算**といいます。この製品別計算は、製品の生産形態によって、**個別原価計算**と**総合原価計算**の2つに大きく分けられます。

　「個別原価計算」は、受注生産する製品に対して行なわれます。具体的には、大型機械、住宅、ビルディング、航空機、船舶などです。これらの製品を受注すると、工場の管理部門はその製品ごとに**特定製造指図書**を発行します。

　なお、「特定製造指図書」とは、製品の製造を命令する書類を指します。単に**製造指図書**といわれることもありますが、製造指図書は、特定製造指図書と、同じ製品を反復して製造するときに発行される**継続製造指図書**の両方を指すこともあります。

　特定製造指図書にもとづいて製品の製造が始まると、その指図書ごとに原価を集計していきます。そして、製品が完成したときの原価が、その製品を完成させるために要した原価ということになります。そのため、個別原価計算は「指図書別原価計算」といわれることもあります。

　これに対して、見込みで大量に生産されている製品に対しては、「総合原価計算」が行なわれます。この総合原価計算は、生産工程（ライン）ごとに集計が行なわれます。ただし、総合原価計算は、複数の製品の原価を集計しているため、会計期間の末日で未完成のものの原価も含まれてしまいます。そこで、会計期間の末日での完成品の原価は、次の算式で計算します。

完成品総合原価＝期首仕掛品原価＋当期製造費用－期末仕掛品原価
　　　　　　　　＝総製造費用（※）**－期末仕掛品原価**

　　（※）期首仕掛品原価と当期製造費用の合計を総製造費用といいます。

　そして、完成品総合原価を期間中に完成した製品の数量で割ると、完

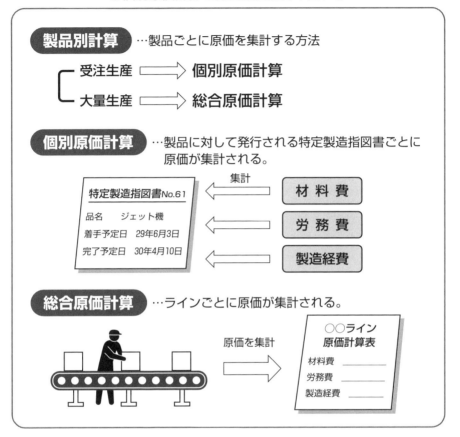

成品1つあたりの原価が求められます。

単位原価 = 完成品総合原価 ÷ 期中製造数量

なお、期首仕掛品原価と当期製造費用の計算には注意が必要です。直接材料費は、仕掛品であるか完成品であるかにかかわらず、1つあたりの消費量は同じです。一方、それ以外の直接労務費、直接経費、製造間接費（これらを「加工費」といいます）は、仕掛品と完成品では異なります。

そこで、仕掛品の加工費は加工進捗度にしたがって案分しなければなりません。たとえば、加工進捗度が50％の仕掛品の加工費は、完成品の50％として計算します。

4-5 総合原価計算の種類

製造のしかたや工程によって分けられる

　総合原価計算は、集計する製品やその製造方法によっていくつかに分けられます。

　まず、前項で説明したような、1つの種類の製品だけの製造に対して用いられている最もオーソドックスな原価計算は、**単純総合原価計算**といいます。

　次に、同じ製品でも等級が区別される製品の製造に対して用いられている原価計算は、**等級別総合原価計算**といいます。

　たとえば、1ℓの瓶入りのジュースと、500mℓの瓶入りのジュースを製造しているラインがあり、等級別総合原価計算を行なっていたとします。このうち1ℓのジュースを基準製品とすると、500mℓのジュース1本は基準製品の0.5（これを**等価係数**といいます）本分と計算することができます。

　そして、1年間で生産した1ℓのジュースが10万本、500mℓのジュースが20万本だとすると、基準製品に換算した本数（これを**積数**といいます）は20万本（＝1ℓのジュース10万本×1.0＋500mℓのジュース20万本×0.5）ということになります。等級別総合原価計算では、この積数に応じて原価を案分して計算します。

　なお、**連産品**（2－10項参照）も等級別総合原価計算と同様の方法で原価計算を行なうことができます。連産品の等価係数は、それぞれの販売価格などを使います。

　次に、1つのラインで複数の種類の製品を製造しているとき（たとえば、1つのラインでみかんジュースとミックスジュースを製造しているときなど）に用いられる原価計算は、**組別総合原価計算**といいます。

　これは、複数の種類の製品を1つの組にして原価計算を行なうということです。組別総合原価計算では、どの製品のためにかかったのかを特定できる原価を「組直接費」に、どの製品のためにかかったのかを特定

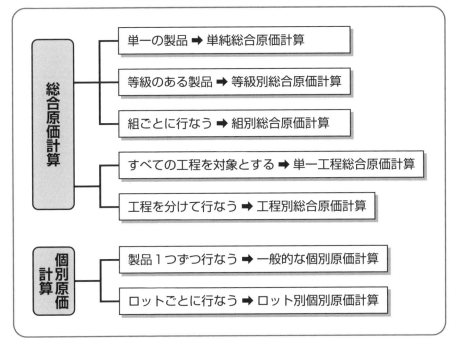

できない原価を「組間接費」に分けます。これらは、直接材料費や加工費（4－4項参照）と同様に、組直接費は組製品に賦課し、組間接費は組製品に配賦基準にしたがって配賦します。

ここまでは、製品の製造のしかたによる区分ですが、製品が完成するまでの工程を分けて原価計算が行なわれることがあります。これを**工程別総合原価計算**といいます（これに対し、すべての工程を対象とする原価計算は**単一工程総合原価計算**といいます）。

たとえば、パンの製造工場で、生地を製造するところまでを第1工程として原価計算を行ない、生地から成型や焼成までを第2工程としてあんパンやカレーパンなどの製品ごとに原価計算を行ないます。

なお、近年は多品種少量生産が行なわれるようになり、見込み生産の製品でも総合原価計算ではなく、1つのロットごとに個別原価計算が行なわれる場合もあるようです。このようなロットごとの原価計算は、**ロット別個別原価計算**といいます。

4-6 実際原価計算と標準原価計算

実際原価計算の長所と短所

4-3項で説明したような原価の集計方法は、実際に発生した原価を集計していることから、**実際原価計算**といいます（したがって、製品別原価計算は、**個別実際原価計算**と**総合実際原価計算**に分類できます）。

この「実際原価計算」は、正確な原価計算を行なうことができるという長所がある一方で、次のような短所があります。

> ①製品の原価が事後的にしか把握できない
> ②原価の発生から集計まで手間と時間がかかる
> ③不適切な原価が発生していても、ただちに認識できない

そこで、これらの問題点を解決する方法として**標準原価計算**が多く用いられています。この「標準原価」とは、「財貨の消費量を科学的、統計的調査にもとづいて能率の尺度となるように（中略）計算した原価」（原価計算基準四-（一）-2）です。具体的には、**現実的標準原価**または**正常原価**が用いられています。

「現実的標準原価」とは、「良好な能率のもとにおいて、その達成が期待されうる標準原価」（同前）です。これに対する考え方として、「技術的に達成可能な最大操業度のもとにおいて、最高能率を表わす最低の原価」（同前）である**理想標準原価**がありますが、これは、標準原価計算には適していません。

一方、「正常原価」とは、「経営活動に関する比較的長期にわたる過去の実際数値を統計的に平準化し（中略）決定される原価」（同前）です。

標準原価計算の手順

つぎに、標準原価計算の手順を示しておくと、次の表のようになります。

◎実際原価と標準原価を比較すると◎

実際に発生した原価

科学的・総計的調査にもとづいて計算した原価

- 事後的にしか把握できない
- 集計に時間がかかる
- 不適切な原価を認識しにくい

- 原価の集計が迅速かつ容易である
- 不適切な原価を認識しやすい

①標準原価の設定	製品ごとに標準原価を見積もり、設定する。
②標準原価の計算	製品が完成したつど、標準原価を計算する。
③実際原価の計算	実際に発生した原価を集計する。
④原価差異の分析	標準原価と実際原価の差異を算定し、その発生原因を分析する。
⑤原価差異の処理	原価差異の金額の重要性に応じて処理を行なう。

　まず手順①で標準原価を設定した後、手順②で完成した製品について標準原価を計算します。この標準原価の計算は、手順①で設定された標準原価を用いるので、実際原価よりも迅速かつ容易に計算できます。たとえば、ある製品の直接材料費は、その製品1つあたりの直接材料の標準的な消費量（これを**標準消費量**といいます）に、1単位あたりの標準的な価格（これを**標準価格**といいます）を乗じることで算出できます。

　標準消費量も標準価格も手順①で事前に設定してあるため、製品が完成した時点で迅速かつ容易に把握でき、また、目標とする原価とすることができ、前述の実際原価の短所を解決することができます。

4-7 標準原価計算と原価差異の発生

標準原価計算の特徴と会計処理

　前項につづいて、標準原価計算の手順について説明します。
　標準原価計算であっても、前項の表の手順③にあるとおり、実際原価を計算します。標準原価は、あくまでも見積りによるものであることから、標準原価計算を行なう場合であっても、実際に発生した原価は計算しなければなりません。
　そして、手順②で計算した標準原価と手順③で計算した実際原価の両者の差異を、手順④で分析します。
　この差異にはさまざまなものがありますが、前項で述べた製品の直接材料費を例にあげると、**価格差異**と**数量差異**があります。
　「価格差異」とは、「材料の標準消費価格と実際消費価格との差異にもとづく直接材料費差異をいい、直接材料の 標準消費価格と実際消費価格との差異に、実際消費数量を乗じて算定」（原価計算基準四六－（二）－1）します。
　一方、「数量差異」とは、「材料の標準消費数量と実際消費数量との差異にもとづく直接材料費差異をいい、直接材料の標準消費数量と実際消費数量との差異に、標準消費価格を乗じて算定」（原価計算基準四六－（二）－2）します。
　そして、手順⑤では、手順④で算定した**原価差異**を会計期間の末日に処理します。「原価差異」は、原則として、売上原価として処理します。ただし、材料を調達したときの標準受入価格と実際受入価格との差異である材料受入価格差異は、売上原価として処理する部分と棚卸資産に配賦する部分に分かれます。
　また、異常な状態にもとづくと認められるものは非原価項目に該当します。たとえば、機械が突然故障し、多くの仕損品が発生したときは、その仕損品で消費した材料費などは原価とせず、特別損失などで処理します。

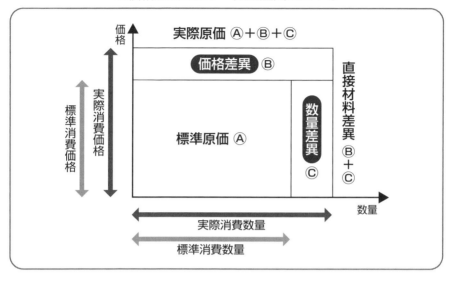

　標準原価計算の手順について説明しましたが、これらからわかる標準原価計算の長所と短所をあげてみると下表のとおりです。

長　　　所	短　　　所
標準原価が迅速かつ容易に集計できる。	標準原価の集計を行なっても、実際原価の集計を省くことはできない。
原価差異分析によって、改善すべき部分を把握できる。	標準原価の設定や更新の負担がある。
標準原価を目標とすることによって改善の方向が明確になる。	

　この表を見ると、標準原価計算は負担が大きい方法であると考えることができます。しかし、標準原価計算は多くの会社で用いられています。それは、標準原価計算が単なる会計の手続きにとどまらず、経営環境の厳しくなる時代にあって**優位に競争を進めるために必要な情報を得るための有効なツール**となっているからといえるでしょう。

　また、標準原価計算は規格化された製品に向いているので、総合原価計算において多く用いられています。

4-8 全部原価計算と直接原価計算

直接原価計算では費用を区分する

　前項まで説明してきた原価計算は、製品を生産する際に発生するすべての原価を計算するという方法でした。これを**全部原価計算**といいます。

　一方、原価を**変動費**（その金額が生産高（≒売上高）に比例する原価）と**固定費**（その金額が生産高にかかわらず一定額である原価）に分け、変動費だけを対象として原価計算を行なう方法があります。これを**直接原価計算**といいます。ただし、直接原価計算は、後述する経営判断を目的に行なわれるものであり、棚卸資産の価額の算定には直接の関係はないため、本書では簡単な説明にとどめます。

　「直接原価計算」で、原価を変動費と固定費に分け、変動費だけを対象とする理由は、固定費が過去の意思決定によって発生するものであり、将来に向けての意思決定には無関係であるからです。

　たとえば、製品を製造する機械の「リース料」は、製品の生産高に左右されずに一定額が発生する固定費です。このリース料は、過去にその機械を調達するという意思決定によって発生したものであることから、その機械を使わないという意思決定をする場合を除き、将来に向けてどんな意思決定をしても発生するものです。

　一方で、「直接材料費」は生産高に比例して発生する変動費です。これは、今後どれくらい製品を生産するかということを経営者が決定すれば、それに従って今後発生する直接材料費が決まります。

　では、原価を固定費と変動費に分けることには、どのような長所があるのでしょうか？　それは、**生産額と利益の関係が明確になる**からです。まず、変動費、固定費と利益の関係を見てみましょう。

　　売上高 ＝ 変動費 ＋ 固定費 ＋ 利益 ＝ 変動費 ＋ 限界利益

　「限界利益」とは、固定費と利益の合計額のことです。この式から、たとえば、ある製品の販売価格が100円で、その変動費が40円であるとすると、限界利益は60円になります。ですから、製品を１個販売するた

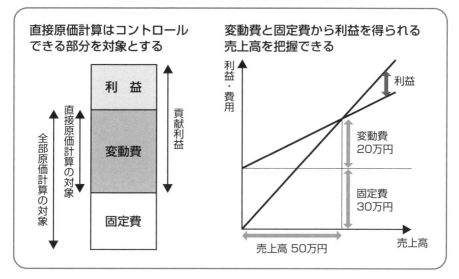

◎直接原価計算と変動費・固定費の関係◎

びに、限界利益が60円得られることになり、売上と利益の関係が明確になります。

そして、この製品の製造に関して発生する固定費が30万円であるとすると、この製品を5,000個生産し販売する場合、売上と利益は次のように計算されます。

売上高50万円＝変動費20万円＋固定費30万円＋利益0円
　　　　　　＝変動費20万円＋限界利益30万円

このように、「**固定費＝限界利益**」となるときに**利益は0**となり、それ以上に生産すれば利益を得ることができるということがわかります（前述の例では、5,001個目から1個あたり60円の利益を得ることができます）。したがって、どれくらいの生産を行なえばよいか、また、変動費はどれくらいとすればどれくらいの利益が得られるか、ということを把握しやすくなります。

なお、変動費や固定費は、損益計算書に直接表示される勘定科目ではなく、別途、経営判断の目的で把握する必要があります。このような目的で利用する会計を**管理会計**といい、棚卸資産の価額の算定を含む財務諸表作成のために行なわれる会計を**財務会計**といいます。

ＡＢＣによる原価計算

　4章で説明した伝統的な原価計算に対し、管理会計の手法として「**活動基準原価計算**」（Activity-Based Costing：**ＡＢＣ**）というものがあります。

　4－3項で説明した製造間接費の配賦について、ＡＢＣでは、活動にもとづいて配賦します。

　たとえば、ある製造業を営む会社で、製品ａと製品ｂを製造しているときに、財務会計の手続きにしたがって、直接材料費基準（製品の直接材料費の金額の割合に応じて配賦する基準）で配賦しているとします。この配賦のしかたは、財務会計の手続きとしては問題ないのですが、経営的な観点からは、これは必ずしも適切とは限りません。

　仮に、製造間接費が製品の検査を行なうための費用であったとすると、検査に要する時間、検査を行なう回数など、別の基準で配賦することが適切と考えることもできます。

　このように、製品を完成させるまでの活動に着眼し、その活動にもとづいて原価を計算することのほうが、より実態を反映した原価を把握することができるようになることもあります。

　ただし、ＡＢＣで算出した原価を、そのまま棚卸資産の原価計算に使用することはできません。ＡＢＣで算出された原価は、あくまでも経営者や管理者が事業運営の判断材料として使うものだからです。

　財務会計の原価計算は、製品を製造した結果としての原価がどれくらいかかったかという原価の集計方法ですが、ＡＢＣは、新しい製品の原価を見積もったり、製造工程にむだなものはないかということを検証したりするために利用されるものです。

5章

棚卸資産に関する税務の取扱い

法人税の取扱いについても知っておく必要があります。

5-1 税務上の「取得原価」とは

取得原価に含めなくてもよい費用がある

　取得原価（3-2項参照）の考え方については、棚卸資産会計基準と税務上で大きな違いはありませんが、税務上では具体的な例が示されている点が棚卸資産会計基準と異なっています。

　税務では、まず、「購入した棚卸資産」（デリバティブ取引による資産の取得をした場合を除く）については、次の①と②の合計額が取得原価となります（法人税法施行令第32条第1項一）。

> ①その資産の購入の代価（引取運賃、荷役費、運送保険料、購入手数料、関税、その他当該資産の購入のために要した費用を含む）
> ②その資産を消費または販売するために直接要した費用

　ただし、次の費用の合計額がその棚卸資産の購入代価のおおむね3％以内である場合には、取得原価に含めないことができます（法人税基本通達5-1-1）。

> ①買入事務、検収、整理、選別、手入れ等に要した費用
> ②販売所等から販売所等へ移管するために要した運賃、荷造費等の費用
> ③特別の時期に販売するなどのため、長期にわたって保管するために要した費用

　また、不動産取得税や固定資産税などは、その棚卸資産の取得または保有に関する支出であっても、取得原価に算入しないことができます（法人税基本通達5-1-1の2）。

　次に、「自己の製造等で取得した棚卸資産」については、次の①と②の合計額が取得原価となります（法人税法施行令第32条第1項二）。

◎取得原価のしくみ◎

購入した資産

税務上の取得原価 ＝ その資産の購入代価（購入に要した費用を含む） ＋ その資産を消費または販売するために要した費用

製造した資産

税務上の取得原価 ＝ 原材料費・労務費・経費 ＋ その資産を消費または販売するために要した費用

ただし、買入や検査の費用、運賃、保管費などが3％以内であれば、取得原価に含めないことができる。

---

①その資産の製造等のために要した原材料費、労務費および経費
②その資産を消費または販売するために直接要した費用

これについても、次の費用の合計額がその棚卸資産の製造原価のおおむね3％以内である場合には、取得原価に含めないことができます（法人税基本通達5-1-3）。

①製造等の後において要した検査、検定、整理、選別、手入れ等の費用
②製造場等から販売所等へ移管するために要した運賃、荷造費等の費用
③特別の時期に販売するなどのため、長期にわたって保管するために要した費用

また、特別の賞与、試験研究費のうち基礎研究および応用研究の費用、事業税、工場が支出した寄附金、借入金の利子などは、製造原価に算入しないことができます（法人税基本通達5-1-4）。

5-2 税務上の「原価差額」の取扱い

原価差額に関する税務処理のしかた

　原価差異（4－7項参照）についても、財務会計と税務会計では取扱が少し異なります。

　税務上は、「取得原価（＝標準原価）＜実際原価」となる場合の原価差異を**原価差額**と規定し（法人税基本通達5－3－1）、これに関する処理の方法を定めています。

　一方、「取得原価＞実際原価」となる場合の原価差異（税務上はこれを「**貸方原価差額**」と規定しています）の処理方法については定めていません。したがって、貸方原価差額については、会社が適切に計算した取得原価が、税務上もそのまま採用されることになります。

　ただし、原価差額が少額（総製造費用のおおむね1％相当額以内の金額）である場合は、原価差額の全額をその会計期間の損金とすることができます。この場合、その計算を明らかにした明細書を確定申告書に添付する必要があります。

　この判定は、事業の種類ごとに行ないますが、製品の種類別に原価計算を行なっている場合には、継続して製品の種類ごとに判定することができます（法人税基本通達5－3－3）。

　原価差額が少額でない場合、財務会計では棚卸資産（仕掛品、半製品や製品）に配賦すること（いわゆる「ころがし調整」）が原則ですが（4－3項参照）、税務上は次の算式で計算した金額を会計期間の末日の棚卸資産に配賦すること（簡便調整法）ができます（法人税基本通達5－3－5）。

　　配賦する金額＝原価差額×（期末の製品・半製品・仕掛品の合計額）
　　　　　　　　÷（売上原価＋期末の製品・半製品・仕掛品の合計額）

　このように、原価差額を一括して期末棚卸資産に配賦したとき（すなわち、会計期間の末日に棚卸資産に計上したとき）は、その金額を、その次の会計期間の損金とすることができます（法人税基本通達5－3－

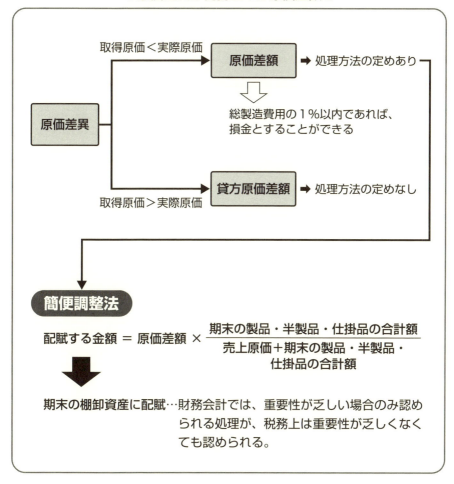

7）。

　なお、財務会計では、原価差異の重要性が乏しい（すなわち、少額である）ときは、前述のような会計期間の末日に一括して棚卸資産に計上することが認められる場合がありますが、税務上は、原価差額が少額でなくても、簡便調整法による処理が認められている点で異なっています。

5-3 税務上の評価基準と評価方法

会計基準とは異なる取扱いがある

　税務上の**棚卸資産**の**評価基準**は、財務会計の言葉でいうと、取得原価基準と低価基準の両方が認められており、低価基準を原則としている棚卸資産会計基準（3－1項参照）とは異なります。

　少々ややこしい説明になりますが、棚卸資産会計基準における評価基準の取得原価基準は税務上では「**原価法**」といい、低価基準は「**低価法**」といいます。厳密には、税務上の評価方法には財務会計上の評価基準の考え方が含まれているといってもよいのですが、前述のように理解していただいてもほぼ差し支えありません（法人税法施行令第28条第1項一・二）。

　評価方法については、棚卸資産会計基準とほぼ同様に、個別法、先入先出法、総平均法、移動平均法、最終仕入原価法、売価還元法が認められています。ただし、売価還元法で使う原価率の計算式は、棚卸資産会計基準のもの（3－18項参照）とは異なり、次のようになっています（同施行令第28条第1項一）。

　　税務上の売価還元法の原価率 ＝（期首棚卸資産の取得原価の総額 ＋ 取得した棚卸資産の取得原価の総額）÷（期末棚卸資産の通常の販売価額の総額＋販売した棚卸資産の対価の総額）

　なお、棚卸資産会計基準から後入先出法が削除されたことに合わせて、税務上も後入先出法は認められなくなりました。また、これと同時に、かつて税務上認められていた単純平均法（会計期間において取得した棚卸資産の取得原価の和を取得回数で除した価額を、その棚卸資産の貸借対照表の価額とする方法）も認められなくなりました。

　そして、納税地の所轄税務署長に対して自社の棚卸資産の評価方法の届出を行なわない場合、その会社の評価方法は「最終仕入原価法」により算出した取得原価による原価法（これを**法定評価方法**といいます）を用いることになります（同施行令第31条第1項）。このため、棚卸資産

◎税務上の評価基準・評価方法のルール◎

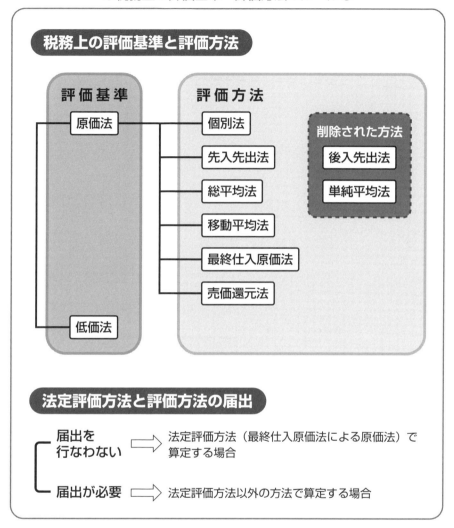

会計基準に従って棚卸資産の評価を行なっている会社は、あらかじめ納税地の所轄税務署長に対して、自社の評価方法を届け出る必要があります。

この評価方法の選定は、事業の種類ごとに、かつ、棚卸資産の区分(製品、仕掛品、材料など)ごとに行ないます(同施行令第29条第1項・第2項)。

5-4 税務上の「時価」とは何か

税務上の低価法についての規定は

　税務上の低価法は、「原価法により評価した価額と**当該事業年度終了のときにおける価額**とのうち、いずれか低い価額をもってその評価額とする方法」（法人税法施行令第28条第1項二）と定められており、棚卸資産会計基準の低価基準と考え方は同じです。

　この「当該事業年度終了のときにおける価額」、すなわち**時価**は、かつては「当該事業年度終了のときにおけるその取得のために通常要する価額」、すなわち**再調達原価**（3-12項参照）であったものから変更されました。

　具体的には、「当該事業年度終了のときにおいて、その棚卸資産を売却するものとした場合に通常付される価額」（法人税法基本通達5-2-11）であり、「棚卸資産の期末時価の算定に当たっては、通常、商品または製品として売却するものとした場合の売却可能価額から見積追加製造原価（未完成品に限る）および見積販売直接経費を控除した正味売却価額による」（同前）と規定されています。

　つまり、棚卸資産会計基準の指す**正味売却価額**（3-5項参照）と同じ考え方で算定します。

　ただし、明文化されてはいませんが、製造業における原材料などは、引き続き再調達原価で期末時価を算定することも認められているようです。

　また、棚卸資産会計基準では、売価還元低価法の原価率により求められた期末棚卸資産の帳簿価額は、収益性の低下にもとづく簿価切下額を反映したものとみなすことになっていますが（3-20項参照）、税務上は前項で説明した売価還元法の原価率以外のものを用いることは認められていないため、棚卸資産会計基準と同様の方法を用いることはできません。

　したがって、「売価還元法にもとづく低価法」を適用している会社は、

◎税務上の時価と低価法の取扱い◎

税務上の時価 …事業年度終了のときの価額

売却可能価額 − 見積追加製造原価 − 見積販売直接経費
= 正味売却価額

かつては、再調達原価が税務上の時価であった。
ただし、原材料などは再調達原価でも可

税務上、売価還元低価法は認められていない

	帳簿価額	簿価切下げ
棚卸資産会計基準の売価還元法	売価還元低価法による価額	帳簿価額を簿価切下げした価額とみなす
	売価還元平均原価法による価額	帳簿価額が時価より低いときは時価まで切り下げる
税務上の売価還元法	税務上の原価率で算定した価額	

他の評価方法と同様に、売価還元法によって算定した原価と時価を比較して、いずれか低いほうの価額を評価額とします。

5-5 税務上の評価の区分と洗替え

評価方法の選定単位と簿価切下額の戻入れの方法

　棚卸資産会計基準では、簿価切下げは個別品目単位が原則ですが、補完的な関係にある複数の商品や、同じ製品に使われる材料、仕掛品などのグループ単位で評価額の切下げを行なうことが認められています（3－13項参照）。

　一方、税務上では、「低価法における低価の事実の判定は、棚卸資産の種類等の同じものについて行なうべき」（法人税法基本通達5－2－9）とされており、原則については棚卸資産会計基準と同様ですが、グループ単位での判定については、「法人が事業の種類ごとに、かつ、法人税法施行令第29条第1項の**棚卸資産の評価方法の選定単位**に規定する棚卸資産の区分ごとに一括して計算した場合にはこれを認める」（同前）と規定されています。

　この「棚卸資産の評価方法の選定単位」とは、**製品（商品）**、**半製品**、**仕掛品**、**主要原材料**、**補助原材料**などであり、棚卸資産会計基準と同様の区分は認められていません。したがって、棚卸資産会計基準で認められるグループ単位での簿価切下げを行なっている会社は、会計上の手続きとは別に、税務上での低価の事実の判定も行なう必要があります。

　次に、**簿価切下額の戻入れ**については、棚卸資産会計基準では、「洗替え法」（前期に計上した簿価切下額の戻入れを行なう方法）と「切放し法」（戻入れを行なわない方法）のいずれかの方法を棚卸資産の種類ごとに選択適用できます。かつては税務上も両方が認められていたものの、平成23年（2011年）6月の税制改正によって、切放し法は認められなくなりました。したがって、平成23年4月1日以降に開始する事業年度からは、税務上は洗替え法のみが認められています。

　この税制改正によって、切放し法を適用してきた会社は洗替え法に変更することになりましたが、そのような会社は、棚卸資産のもともとの取得価額を把握していない場合があります。そこで、そのような会社は、

◎評価と簿価切下額の戻入れに関する税務の取扱い◎

グループ単位での評価は、税務上は限定的

	棚卸資産会計基準	税務会計
原則	個別品目ごと	種類等同じもの
グループ単位	● 補完的な関係にある複数商品 ● 同じ製品に使われる材料・仕掛品	製品（商品）、半製品、仕掛品、主要原材料、補助原材料ごと

簿価切下額の戻入れ方法は、税務上は洗替え法のみ

	棚卸資産会計基準	税務会計
洗替え法	○	○
切放し法	○	×

従来、切放し法を適用してきた会社は、平成23年4月1日以降に開始する事業年度の直前の事業年度の終了時の評価額を取得価額とみなして、洗替え法を適用する

経過措置として、平成23年4月1日以降に開始する事業年度の直前の事業年度の終了時の評価額を取得価額とみなして簿価切下額の戻入れを行ないます。

5-6 棚卸資産の評価損の処理のしかた

一定の場合には評価損の損金計上が認められる

　簿価切下げに関し、棚卸資産会計基準では、重要な事業部門の廃止や災害損失の発生など、臨時の事象に起因し、かつ、多額であるときには、特別損失に計上するとしていますが（3－8項参照）、税務上は、これについてより具体的に規定されています。

　まず、税務上は、会社の資産の評価換えを行なったときの**評価損**は、損金に算入することは原則として認められていません（法人税法第33条第1項）。

　しかし、「政令で定める事実が生じた場合」は、「評価換えをした日の属する事業年度終了のときにおける当該資産の価額」までは評価損を損金に算入することが認められています（同法第33条第2項）。

　この、「事業年度終了のときにおける当該資産の価額」とは、「使用収益されるものとしてそのときにおいて譲渡される場合に通常付される価額」（法人税法基本通達9－1－3）のことで、低価法で用いる正味売却価額とは異なり、**譲渡可能価額**というものなので、注意が必要です。

　なお、前述の「政令で定める事実」とは、棚卸資産については、次の3つがあげられています（法人税法施行令第68条第1項第1号）。

> ①当該資産が災害により著しく損傷したこと
> ②当該資産が著しく陳腐化したこと
> ③これらに準ずる特別の事実

　①は、物理的な劣化が要因となって起きた事実を示しています。②は、経済的な劣化が要因となって起きた事実であり、次のような例が示されています（法人税法基本通達9－1－4）。
(1) いわゆる季節商品で売れ残ったものについて、今後、通常の価額では販売することができないことが既往の実績その他の事情に照らして

◎棚卸資産の評価損の損金計上が認められる例◎

❶ 災害による著しい損傷（物理的な劣化）

❷ 著しい陳腐化（経済的な劣化）

　(1) 売れ残った季節商品

　(2) 型式・性能・品質等が著しく異なる新製品が発売されたときの旧製品

❸ これらに準ずる特別の事実
　　破損、型崩れ、たなざらし、品質変化

棚卸資産の評価損が損金算入を認められない例

　　物価変動、過剰生産、建値の変更

明らかであること。

(2) 当該商品と用途の面ではおおむね同様のものであるが、型式、性能、品質等が著しく異なる新製品が発売されたことにより、当該商品につき今後、通常の方法により販売することができないようになったこと。

また、③については、「破損、型崩れ、たなざらし、品質変化等により通常の方法によって販売することができないようになったこと」（法人税法基本通達9－1－5）が例として示されています。

なお、「棚卸資産の時価が単に物価変動、過剰生産、建値の変更等の事情によって低下しただけでは、法人税法施行令第68条第1項第1号『棚卸資産の評価損の計上ができる事実』に掲げる事実に該当しない」（法人税法基本通達9－1－6）とされています。

たとえば、製品の需要見込みを誤って過剰に生産したために、その製品の製造原価を下回る価額で販売しなければならなくなったときは、その評価損を損金として計上することは認められません。

5-7 「中小指針」「中小要領」とは何か

「中小企業の会計に関する指針」の制定

　中小企業における棚卸資産に関する会計の取扱いについても触れておきましょう。

　まず、「中小企業の会計に関する指針」（以下「**中小指針**」とします）と「中小企業の会計に関する基本要領」（以下「**中小要領**」とします）について簡単に説明します。

　会社法第431条および第614条では、会社は「一般に公正妥当と認められる企業会計の慣行に従うものとする」と規定しています。したがって、日本の会社は、棚卸資産会計基準を含む企業会計基準に従わなければなりません。

　しかし、それらの会計基準の対象には、不特定多数の投資家（株主）に対して厳格な報告をすることが求められている上場会社が含まれている一方で、「投資家をはじめ会計情報の利用者が限られる中小企業において、投資の意思決定に対する役立ちを重視する会計基準を一律に強制適用することが、コスト・ベネフィットの観点から必ずしも適切とはいえない場合がある」（中小指針第6項）といった意見もありました。

　そこで、日本商工会議所や日本税理士会連合会などが、平成17年（2005年）に、「中小企業が、計算書類の作成に当たり、よることが望ましい会計処理や注記等を示すもの」（中小指針第3項）として、「中小指針」を示しました。

「中小企業の会計に関する基本要領」の制定

　しかし、中小指針は「とりわけ会計参与が取締役と共同して計算書類を作成するに当たって、よることが適当な会計のあり方を示すもの」（中小指針第3項）であり、中小企業のなかでも一定の水準を保った会計処理を示しています。

　ちなみに、「会計参与」とは、前述したように、株式会社等で取締役

◎企業会計基準と比較すると◎

	中小要領	中小指針	企業会計基準
対象	中小指針と比べて簡便な会計処理をすることが適当と考えられる中小企業	中小企業。とりわけ会計参与設置会社	金融商品取引法の適用対象会社と会社法上の大会社
項目数等	項目数：14 内容：本要領の利用を想定する中小企業に必要な事項を簡潔かつ可能な限り平易に記載	項目数：18 内容：中小要領よりも詳細に記載	企業取引の会計処理全般を網羅的に規定

（※）中小企業の会計に関する検討会「『中小企業の会計に関する基本要領』の概要」7ページの表より抜粋。

と共同して計算書類等を作成する機関で、公認会計士または税理士等のみに就任が認められています。

そのため、平成24年（2012年）に、中小企業団体や税理士などが主体となって設置された「中小企業の会計に関する検討会」によって、「計算書類等の開示先や経理体制等の観点から、（中略）中小指針と比べて簡便な会計処理をすることが適当と考えられる中小企業を対象に、その実態に即した会計処理のあり方」（中小要領第1項（2））を示すものとして「中小要領」が公表されました。

なお、中小指針と中小要領は、次のいずれにも該当しない会社であれば、どちらでも適用できます。

①金融商品取引法の適用を受ける会社（いわゆる上場会社等であり、その子会社や関連会社も含まれます）

②会計監査人を設置する会社（いわゆる会社法上の大会社（資本金が5億円以上または負債総額が200億円以上の株式会社）等で、その子会社も含まれます）

5-8 中小指針と中小要領の相違点

棚卸資産会計基準とは何が違っているか

「中小指針」と「中小要領」について、棚卸資産会計基準との違いについて説明しておきましょう。

まず、「**棚卸資産の範囲**」については、中小指針、中小要領ともに、一般的な棚卸資産をその範囲としており、棚卸資産会計基準で示している「通常の販売目的で保有する棚卸資産」と「トレーディング目的で保有する棚卸資産」（2－3項参照）のうち、トレーディング目的で保有する棚卸資産は含まれていません。

次に、「**棚卸資産の取得原価**」については、中小指針では、ほぼ棚卸資産会計基準と同じです。中小要領では、「原則として、取得原価で計上する」（中小要領第6項（1））とのみ記載されており、直接の記載はありませんが、結果として棚卸資産会計基準との間に違いはありません。

その次に、「**評価基準**」については、棚卸資産会計基準では低価基準を原則にしていますが、中小指針では取得原価基準を原則としています。ただし、「期末における時価が帳簿価額より下落し、かつ金額的重要性がある場合には、時価をもって貸借対照表価額とする」（中小指針第27項（1））としています。したがって、中小指針の評価基準は、棚卸資産会計基準と同じものとなります。一方、中小要領では、取得原価基準と低価基準のいずれかを選択することとしています。

ただし、中小指針では、「災害により著しく損傷したとき、著しく陳腐化したとき、これらに準ずる特別の事実が生じた場合には、その事実を反映させて帳簿価額を切り下げなければならない」（中小指針第27項（1））、中小要領では「時価が取得原価よりも著しく下落したときは、回復の見込みがあると判断した場合を除き、評価損を計上する」（中小要領第6項（4））としています。

「**評価方法**」については、棚卸資産会計基準、中小指針、中小要領ともに大きな違いはありませんが、「最終仕入原価法」の取扱いについて

◎棚卸資産会計基準と比較すると◎

項目	棚卸資産会計基準	中小指針	中小要領
範囲	通常の販売目的とトレーディング目的	通常の販売目的	通常の販売目的
取得原価	購入代価（または製造原価または時価）＋付随費用	同左	同左（直接の記載なし）
評価基準	低価基準	取得原価基準が原則だが、金額的重要性がある場合は時価まで切り下げる。	取得原価基準と低価基準のいずれか。
評価方法	最終仕入原価法は例外的に認める。	最終仕入原価法は著しい弊害がない場合に認める。	最終仕入原価法も認める。
時価	●正味売却価額 ●再調達原価	正味売却価額	売価または最近の仕入価額

は違いがあります。

　棚卸資産会計基準では、最終仕入原価法は限定的に認められていますが、中小指針でも「期間損益の計算上著しい弊害がない場合には、最終仕入原価法を用いることもできる」（中小指針第28項）としており、棚卸資産会計基準と同じ取扱いとなっています。これに対し、中小要領では、最終仕入原価法を用いることに関する制限には触れていません。

　最後に、「**時価**」については、棚卸資産会計基準では、正味売却価額と再調達原価を認めていますが、中小指針では、正味売却価額のみが記載されています。そして、中小要領では、「商品、製品等については、個々の商品等ごとの売価か最近の仕入金額により把握」と抽象的に記載されています。

限界利益と貢献利益

　4-8項で、「限界利益＝売上高－変動費」であると説明しました。

　この**限界利益**は、「Marginal Profit」の訳語で、「限界」とは制限や限度（limit）といった意味ではなく、周辺（marginal）という意味で使われています。これは、「売上高のなかに含まれている変動費に上乗せされた端にある利益」という意味です。

　そして、この限界利益は、4-8項で説明したように、損益分岐点売上高を算出するためによく利用されます。

　一方、管理会計には**貢献利益**（Contribution Margin）という考え方もあります。

　貢献利益は、限界利益と同じ意味として使われることもありますが、多くの場合は、「貢献利益＝売上高－（変動費＋個別固定費）」の意味で用いられます。限界利益との違いは、限界利益からさらに**個別固定費**を差し引いているということです。

　「個別固定費」とは、その製品に直接帰属する固定費で、具体的には、その製品のための広告宣伝費、その製品を製造する機械の減価償却費、その製品を保管する倉庫の賃料などです。

　一方、**共通固定費**とは、複数の製品に共通して発生する固定費で、具体的には、管理用のコンピューターソフトウェアの使用料などです。

　経営的な観点からの両者の違いは、その製品の製造を取りやめれば発生を回避できる固定費かどうかということで、個別固定費は発生を回避でき、共通固定費は発生を回避できません。

　貢献利益は、製品ごとにそれを見ることによって、各製品が会社の利益にどれくらい貢献しているかということを把握することができます。そして、貢献の度合いによって、製造する製品の絞り込みの判断を行なうときなどに利用されます。

6章

棚卸資産の管理のしかたと内部統制

棚卸資産管理規程などの策定も必要になってきます。

6-1 棚卸資産管理に必要な内部統制

内部統制とはどんなことか

　1－1項で、棚卸資産の意義の1つとして、その管理のしかたが事業の成否の要素となっている、ということを述べましたが、棚卸資産ではこの管理のしかたが重要なポイントです。

　棚卸資産の管理のしかたについては、まず、**内部統制**を行なうことで遂行することが最も効果があると考えられます。「内部統制」は、やや複雑な考え方であるため、その概要について触れておきましょう。

　内部統制（Internal Control）は、「企業等の、①業務の有効性および効率性、②財務報告の信頼性、③事業活動に関わる法令等の遵守、④資産の保全の4つの目的の達成のために企業内のすべての者によって遂行されるプロセス」（企業会計審議会「財務報告に係る内部統制の評価及び監査の基準のあり方について」第3項（1））と定義されています。

　わかりやすく言い換えれば、**会社の事業が適切に行なわれるよう、ルールや業務プロセスを明確にし、それを守るためのしくみや活動**を指します。

　このような考え方は、会社組織によって事業が営まれるようになったときから存在したと考えられますが、1980年代の米国で不適切な財務報告を行なう会社が多く現われたことを背景に、1992年に米国のトレッドウェイ委員会支援組織委員会（Committee of Sponsoring Organizations of Treadway Commision：COSO）が「内部統制の統合的枠組み」を公表してから注目されるようになりました。

　その後、日本でも不適切な財務報告を行なう会社が多く現われたこともあり、2006年施行の会社法によって、大会社および関連会社に内部統制が義務づけられました。

　このような経緯からみると、内部統制は財務報告に強い関連があると考えられがちですが、「経営者は、自社のすべての活動および社内のすべての従業員等の行動を把握することは困難であり、それに代わって、

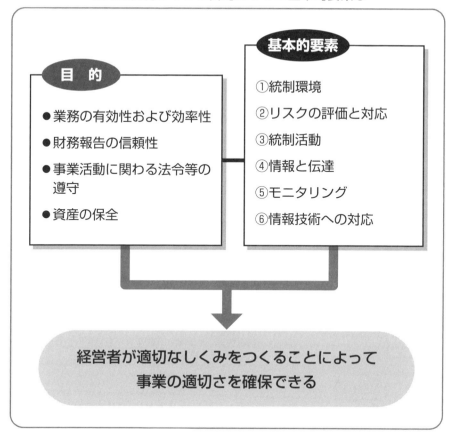

経営者は、企業内に有効な内部統制のシステムを整備・運用することにより、財務報告における記載内容の適正性を担保することとなる。また、内部統制システムの整備・運用を通じて財務報告の信頼性を確保していくことは、業務の有効性および効率性の確保による情報処理コストの削減、さらには、市場における資金調達機会の拡大や資金調達コストの削減等を通じて一定のメリットを企業等にもたらす」(同前) ことにもなります。

これをわかりやすく言い換えると、経営者が適切なしくみをつくることによって、事業の適切さを確保しようとする考え方であるといえるでしょう。

6-2 棚卸資産に関する内部統制

ルールやプロセスを明確にする

1章から5章までは、棚卸資産の会計処理を中心に説明してきましたが、事業の目的は、どのような会計処理が適切かということを示すだけでは達成されません。ルールやプロセスを明確にし、それが遂行されるようなしくみがあってこそ、適切な事業運営が行なわれます。

そこで、事業を適切に運営するための具体的な方法について説明していきましょう。

まず、前項で説明した内部統制について具体的に理解してもらうために、内部統制の4つの目的を棚卸資産に当てはめてみると、下表のようになります。

業務の有効性および効率性	適時に棚卸資産を顧客に販売する　など
財務報告の信頼性	棚卸資産について信頼性の高い会計処理を行なう　など
事業活動に関わる法令等の遵守	棚卸資産に関する不正が発生しない状況を確保する　など
資産の保全	棚卸資産の受払いは権限者の承認を受けて行なう　など

この内部統制の4つの目的を達成する活動には、6つの「基本的要素」（統制環境、リスクの評価と対応、統制活動、情報と伝達、モニタリング、情報技術への対応。前ページの図参照）があります。この基本的要素についてもやや複雑な内容なので、詳細な説明は専門書に委ね、本書では、棚卸資産がかかわる事業活動に潜むリスクと、それにどう対応するべきか、という点に絞って説明します。

なお、内部統制は導入する負担が大きく、中小企業には適さないと考

えられがちですが、すべてを導入することができないまでも、その考え方にもとづいたプロセスを取り入れることは有効であると考えられます。

6-3 棚卸資産のプロセスにはさまざまなリスクがある

リスクに対する内部統制を構築する

「購買→生産→販売」という事業活動の流れのなかで、棚卸資産はさまざまなリスクにさらされます（下表参照）。

これらのリスクを抑えるために、対処法を規定化したり、それを確実に遂行するためのしくみをつくったりすることが、内部統制の主な活動です。

ただし、この内部統制は事業の内容や規模によって一律ではないことから、それぞれの会社ごとに、より効果的なものを整備していかなくてはなりません。

◎棚卸資産に関するリスクと対処法◎

プロセス		リスク	対処法
購入	仕入先選定	●不適切な仕入先の選定 ●不適切な価格の登録	●信用情報の活用 ●相見積りによる検証
	発注	●計画にもとづかない発注 ●不適切な条件での発注	●責任者による整合性の検証 ●発注の基準の作成
	入庫	●発注にもとづかない納品 ●検収の誤り	●注文書の連番処理 ●二重チェック ●納品書と受入指示書の照合
	仕入計上	●入庫の計上もれや、未入庫品の誤計上	●入庫担当部署と仕入計上部署の分離
	請求書受入	●請求書のもれや二重請求の見過ごし	●請求書と仕入伝票等の照合
	返品・値引	●返品・値引きの誤処理、処理もれ、遅延の発生	●返品する商品と返品申請書の照合

保全	保管	●棚卸資産の陳腐化、品質低下	●保管方法を規定し遵守する
	数量管理	●品切れ・過剰在庫の発生	●生産計画の適正化
	防犯	●棚卸資産の横領の発生	●倉庫へ入る者の制限、入退室の記録
	実地棚卸	●数量の勘定の過誤の発生	●数える人とチェックする人を分ける
販売	出荷	●誤処理による出荷や架空の出荷の発生 ●出荷もれの発生	●受注がなければ出荷されないシステムの構築 ●出荷指示書と商品有高帳の照合
	売上計上	●未出荷売上や売上不計上の発生 ●売上と売上原価の片方だけの計上	●売上伝票と出荷報告書の照合
	返品	●数量・単価の誤りの発生 ●返品処理の遅れ、もれの発生	●入庫伝票は責任者が承認する ●返品に関する伝票は責任者が承認する
決算	棚卸	●集計ミスの発生	●帳簿棚卸高と実地棚卸高の比較表を作成し、異常な残高差の有無を確認する
	評価替え	●対象の棚卸資産の評価替えの実施もれの発生 ●対象外の棚卸資産への評価替えの実施	●滞留在庫一覧表を作成し、網羅的に実施する
	財務諸表作成	●評価替えの結果が財務諸表に反映されないリスクの発生	●棚卸資産管理台帳と総勘定元帳の照合

6章 棚卸資産の管理のしかたと内部統制

6-4 規程類の整備を行なう

棚卸資産に関する規程にはどんなものがあるか

内部統制の6つの基本的要素のうち、「統制環境」は、組織が保有する価値基準および組織の基本的な人事、職務の制度等を総称する概念であり、他の基本的要素の前提になるとともに、他の基本的要素に影響を与える重要な基本的要素です。したがって、この考え方にもとづき、会社の価値基準などを明確にするものとして、規程類の整備を最初に行なう必要があります。

棚卸資産に関する規程としては、まず、**棚卸資産管理規程**があげられます。「棚卸資産管理規程」では、棚卸資産の範囲、会計処理のしかた、管理のしかた、棚卸資産に関する権限などを規定します。しかし、一般的に棚卸資産管理規程だけを単独で規定することはありません。

会計面でいえば、まず、会社の基本的な会計処理等を定めている**経理規程**などが規定され、そのうえで、棚卸資産に関する詳細な会計処理等を定めている棚卸資産管理規程が規定されます。

ちなみに、内部統制もこれと同様であり、会社全体で内部統制が行なわれなければ、棚卸資産に関する内部統制も行なうことはできません。

ただし、会社や事業の規模によっては、棚卸資産管理規程を独立して規定せずに、経理規程のなかで棚卸資産に関する規定が定められる場合もあります。

逆に、原価計算に関する規定や、実地棚卸に関する規定などを、棚卸資産管理規程から独立させて定められる場合もあります。

規程類の作成のしかた・考え方

棚卸資産管理規程や経理規程は、2章から5章まで説明してきた、企業会計基準、棚卸資産会計基準、税務などに沿うものとし、かつ、自社の事業に合わせて規定しなければなりません。

しかし、このような規程類を短期間に作成することは困難です。そこ

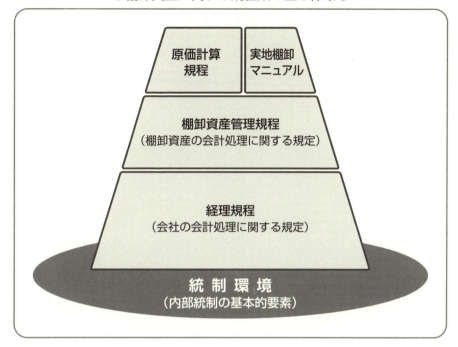

◎棚卸資産に関する規程類の主な体系◎

で、不完全であってもいったんこれらの規程を作成し、その後、定期的に見直しをしながら、追加、削除、変更を行ない、徐々に完成度の高いものとしていくことになります。

また、こうすることで、事業環境の変化や、制度の変更にも対応できるものとしていくことができます。

これらの規程は、内部統制の基本的要素の1つである「情報と伝達」、すなわち、必要な情報が識別、把握および処理され、組織内外および関係者相互に正しく伝えられることを確保することにも大きな役割を果たします。

会社の事業は、その会社独特の作業や考え方などが多く使われており、それらを的確に示すためには、会社独自で言葉の定義を行なう必要があります。この定義についても、先の規程類のなかで行ないます。たとえば、棚卸資産管理規程では、その会社にとっての棚卸資産の定義や範囲を示しておきます。

6-5 棚卸資産に関する規程の体系

プロセスに応じたさまざまな規程類がある

　前項に関連し、棚卸資産に関する規程の体系について、事業の流れに沿ってみていきましょう。

　まず、棚卸資産の「購買」については、**購買管理規程**によって購買に関する手続きや権限を定めます。外注品の取扱いが多い会社では、さらに**外注品管理規程**などを定める場合もあります。グリーン購入（製品やサービスを購入する際に、環境への負荷ができるだけ少ないものを選んで購入すること）を実施している会社なら、**グリーン購入規程**を作成することも必要でしょう。また、受入れ手続きなどに関し**検収マニュアル**などを作成することもあります。

　次に、棚卸資産の「販売」については、**販売管理規程**によって販売に関する手続きや権限を定めます。事業によっては、取引先に関する手続きを定める**取引先管理規程**や**与信管理規程**、出荷の手続きに関する**出荷マニュアル**などを作成することもあります。

　棚卸資産の「保全」については、**棚卸資産管理規程**などで定められることが多いようです。たとえば、品質が劣化したり長期間滞留したりしている棚卸資産の取扱いや処分は、会計処理を伴うことから、棚卸資産管理規程で定められます。その他、効率的かつ適正な在庫管理の維持や、防犯・防災のために、**在庫管理マニュアル**などが定められることがあります。また、実地棚卸の方法などについて、**実地棚卸マニュアル**などが定められることもあります。

　これらの事業の「管理」に関して必要となる管理者の権限については、**業務分掌規程**や**職務権限規程**で定めなければなりません。また、それらの承認手続きについては、**稟議規程**などで定める必要があります。なお、内部統制とは直接の関係はありませんが、製品の品質を目標とするものにするために、**品質管理規程**が定められることもあります。

　これらの規程は、個々に定められるものではなく、会社の基本方針や

◎棚卸資産に関する規程類のいろいろ◎

プロセス	規程類	内容
購買	購買管理規程	購買に関する手続きや権限
	外注品管理規程	外注品の取扱い方法
	グリーン購入規程	グリーン購入の基準・手続き
	検収マニュアル	棚卸資産の受入れ、検収の手続き
販売	販売管理規程	販売に関する手続きや権限
	取引先管理規程	取引先の選定や基準
	与信管理規程	販売先への与信額や基準
	出荷マニュアル	出荷に関する手続き
保全	棚卸資産管理規程	棚卸資産の処分に関する権限や方法
	在庫管理マニュアル	棚卸資産の管理方法
	実地棚卸マニュアル	実地棚卸の手順
管理	業務分掌規程	棚卸資産を管理する部署・担当者
	職務権限規程	棚卸資産の管理に関する権限
	稟議規程	稟議の手続き
品質	品質管理規程	品質管理の基準や手続き

　事業戦略などが基礎となり、それらを具体化するなかで、前述のような規程類が整備されます。したがって、すべての会社が一律に同じものを同じ内容で作成するものではありません。

　そこで、必ずしも前述の規程類をすべて整備する必要はありません。特に、事業規模の小さい会社だと、規程類の内容が多くなりすぎて、かえって柔軟な事業運営ができなくなるという弊害が起きることは避けなければなりません。

　一方で、規程類の内容が少なすぎると事業運営が成り行きとなり、組織だった運営が行なわれなくなる懸念もあります。

　そこで、前項で述べたように、規程類は定期的に見直しながら、追加、削除、変更を行ない、徐々に完成度の高いものにしていかなければなりません。

6-6 継続記録法と棚卸計算法

棚卸を行なう際の2つの方法

　会計期間の末日の棚卸資産の価額は、次の会計期間の棚卸資産の価額に引き継がれますが、この価額は**繰越資産原価**といいます。これに対して、会計期間中に払い出される棚卸資産の価額は**払出原価**といいます（3-14項参照）。

　この、「繰越資産原価」を求めることを**棚卸**といい、棚卸を行なう方法には、「**継続記録法**」（恒久棚卸法）と「**棚卸計算法**」（定期棚卸法）の2つがあります。なお、継続記録法には、数量、金額、あるいはその両方を記録する方法に分けられますが、説明が複雑になるため、以下、数量のみを記録する方法を前提に説明します。

継続記録法のメリット・デメリット

　「継続記録法」は、棚卸資産の受入れや払出しが行なわれるたびに、その数量を棚卸資産台帳などに、入庫または出庫として記録する方法です。したがって、棚卸資産を直接見なくても、棚卸資産台帳などで任意のときの棚卸資産の数量を把握することができます。

　このことにより、保有する棚卸資産が過剰になっている、または過少になっている、ということをただちに判断することができ、事業の効率化に貢献することになります。

　一方で、受入れや払出しのたびに記録をすることから、事務負担が大きくなるという短所があります。また、誤って記録する可能性もあるため、適宜、棚卸資産の数量を実際に数えて確認し（これを**実地棚卸**といいます。これに対して、棚卸資産台帳で棚卸資産の数量を算出することを**帳簿棚卸**といいます）、相違がないか確認する必要もあります。

棚卸計算法のメリット・デメリット

　「棚卸計算法」は、棚卸資産の受入れのときの数量だけを記録し、払

◎期末棚卸数量を把握する2つの方法◎

継続記録法

期首棚卸数量	出庫数量 (継続記録に より把握)	
入庫数量 (継続記録に より把握)	棚卸差異	帳簿上の期末 棚卸数量 (継続記録に より把握)
	期末棚卸数量 (実地棚卸により把握)	

棚卸計算法

期首棚卸数量	出庫数量 (棚卸計算法の計算 式により算出)
入庫数量 (継続記録に より把握)	期末棚卸数量 (実地棚卸により把握)

出しについての記録を行ないません。そこで、会計期間の末日の棚卸資産の数量は、前述の実地棚卸を行なって把握します。すなわち、会計期間中の棚卸資産の払出し数量（出庫数量）は、次の算式で求めます。

**出庫数量＝期首の数量（前期の期末の実地棚卸によって把握した数量）
　　　　　＋入庫数量－期末の数量（実地棚卸によって算出した数量）**

　棚卸計算法は、継続記録法と比較して、記録のための事務負担が少なくなるという長所があります。一方で、実地棚卸を行なわなければ保有する棚卸資産の数量や出庫数量を把握することができなかったり、紛失や盗難などの異常な原因で棚卸資産が減少しても正常な出庫と区別できなかったりするという短所があります。

　それぞれの方法の特徴から、棚卸資産の数量の記録は、継続記録法が適しているといえます。しかし、重要性の少ない棚卸資産（包装用の資材など）は、棚卸計算法で記録することも妥当と考えることができます。

キャッシュフローと棚卸資産

　事業活動の目的は利益を得ることですが、最近は、**キャッシュフロー**も重視されるようになってきました。
　「キャッシュフロー」とは、現金（cash）の流れ（flow）のことですが、会計上は、現金の流入と流出の結果、残った現金のことを指します。
　では、なぜキャッシュフローが重視されるのでしょうか？
　それは、事業活動の結果、利益が多く得られていたとしても、必ずしもその分の現金が手元にあるとは限らないからです。すなわち、棚卸資産を販売しても、その代金は売掛金や受取手形となり、現金になるまでには時間がかかります。その一方で、買掛金の支払いや支払手形の決済には現金が必要であり、もし手元の現金が不足してしまうと、事業は停止してしまうことになります。
　このようなことが起きないようにするために、会社は利益だけでなく、手元の現金の量についても重視するようになってきています。
　そこで、キャッシュフローを増やす工夫として、棚卸資産をなるべく少なくしようとする対策がとられることがあります。
　その方法の1つとして、「保有する棚卸資産を絞り込む」ということが行なわれることがありますが、これは判断を誤れば、利益を減らしてしまいかねません。
　そこで、別の方法として、「材料を仕入れてから製造するまでの期間を短くする」という方法も有効です。この方法によって、製造に要する期間が短くなった分だけ、販売代金が現金化されるまでの期間を短縮することもできます。しかし、製造期間の短縮には限界があり、これだけでは大幅な改善は期待できません。
　結論としては、適正な利益が得られ、かつ、適切なキャッシュフローを維持できる棚卸資産の額がどれくらいかということを探求していくことに尽きると私は考えています。

7章

実地棚卸の効率のよいすすめ方

棚卸資産の管理に実地棚卸は欠かせません。

7-1 実地棚卸はなぜ行なうのか

実地棚卸の意義とは

　棚卸とは、棚卸資産がどれくらいあるかを明らかにすることです。その方法には、帳簿上で確認する**帳簿棚卸**（book inventory）と、実際に棚卸資産を数える**実地棚卸**（physical inventory）があります。

　ただし、帳簿棚卸ができる棚卸資産は、「継続記録法」（6－6項参照）で受払いを記録しているものに限ります。

　そして、「棚卸をする」と使う場合、多くは実地棚卸を行なうことを指します。それだけ、実地棚卸の意義は大きいといえるでしょう。

　では、実地棚卸の意義とは、どういうものでしょうか。簡単にいえば、**帳簿上の棚卸資産と実際の棚卸資産が一致していることを確かめること**です。

　これは、帳簿上の棚卸資産が実際にもあるか（実在性）、実際の棚卸資産がすべて帳簿に載っているか（網羅性）を確かめるということです。この実在性や網羅性を確かめなければならない理由は、棚卸資産の受払いの記録に誤りやもれが起きてしまうからです。そこで、会計期間の末日などに実地棚卸を行なうことで、正確な棚卸資産の金額を貸借対照表に記載できるようにするわけです。

管理・運営面からの意義とは

　実地棚卸は、会計の観点だけでなく、事業の管理や運営の観点からも大きな意義があります。

　その1つは、棚卸資産の**実際の状態を確認する**ということです。帳簿からの情報だけでは、棚卸資産の品質などが維持されているかどうかまでは確認できないので、実地棚卸のときに棚卸資産の状態も確認し、必要によっては値下げして販売したり、廃棄処分にしたりするなどの対応を行ないます。

　2つめは、**棚卸資産の数量が適切かどうかを確認する**ということです。

◎棚卸の種類と実地棚卸の意義◎

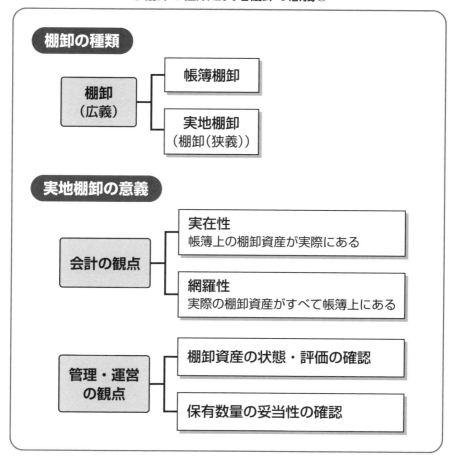

継続記録法で棚卸資産の受払いを記録しているときは、金額だけでなく数量も記録されるので、実地棚卸を行なわなくても数量を把握することができます。

しかし、棚卸資産の数量は、数字だけで確認するよりも、実際の棚卸資産の量を見ることによって、保有数量が適切かどうかを判断しやすくなります。

このように、実在性や網羅性の確認だけでなく、棚卸資産の状態や数量が適切かどうか確認する作業としても、実地棚卸は会社にとって大切な作業と位置づけられています。

7-2 実地棚卸によって利益が確定する

実地棚卸の目的とは

実地棚卸の目的について、会計の観点から詳しくみていきましょう。

棚卸の本源的な目的は、会計期間の末日の棚卸資産の価額である**繰越資産原価を確定する**ことです。「繰越資産原価」とは、その会計期間の末日の棚卸資産の価額であると同時に、翌期に繰り越される棚卸資産の金額でもあります。一方で、その会計期間中に販売されたり消費されたりした棚卸資産の価額が**払出原価**であり、両者は次のような関係にあります。

払出原価＋繰越資産原価＝期首棚卸資産の価額（前期の繰越資産原価）
　　　　　　　　　　　＋当期に受け入れた棚卸資産の価額

この式を展開すると、次のようになります。

払出原価＝期首棚卸資産の価額＋当期に受け入れた棚卸資産の価額
　　　　－繰越資産原価

このように、払出原価が確定することによって、製造原価や売上原価も算出されることになり、さらに、これによって会社の利益も確定することになります。したがって、実地棚卸は**会社の利益を確定するためにも必要**であるということにもなります。

ちなみに、税務上も「棚卸資産については各事業年度終了のときにおいて実地棚卸をしなければならない」（法人税法基本通達5－4－1）と定められおり、適切な納税を行なうためにも、利益を確定する実地棚卸を行なうことが求められていることがわかります（実際には、税務上も事業年度終了時に行なう方法以外の方法が認められています。7－6項参照）。

なお、「棚卸計算法」（6－6項参照）で受入れを記録している棚卸資産は、実地棚卸を行なうことが前提となっているので、必ず会計期間の末日に実施して繰越資産原価を確定させます。

決算を行なう観点から実地棚卸の目的を説明してきましたが、事業の

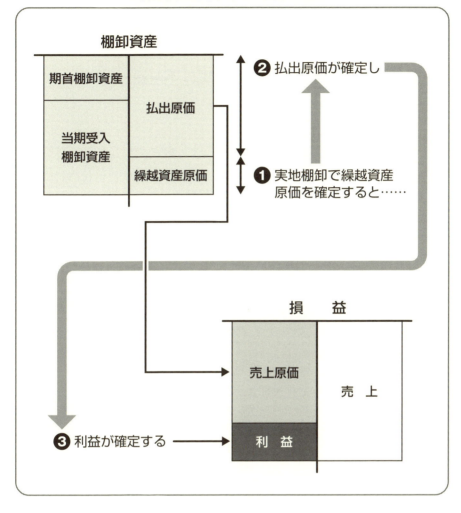

◎繰越資産原価と払出原価の関係◎

　管理の観点からも、多くの会社では会計期間の末日以外にも実地棚卸を行なっています。これは、実際の棚卸資産の状況を1年に1回把握するだけでは、適切な事業管理ができないという考えによるものです。

　しかし、実地棚卸にはコストがかかるだけでなく、業務を停止して行なうなど事業運営に支障があることから、あまり多い頻度で行なうことはできません。実際には、1年に2回～6回程度の頻度で行なっている会社が多いようです。

7-3 実地棚卸で数量を確定させる

金額だけの実地棚卸では数量管理は不可能

　実地棚卸の目的の１つである数量の確定について、詳しくみていきましょう。

　実地棚卸は、簡便な方法として金額だけを調査すること（これを**金額棚卸**といいます）があります。これは、評価方法に**売価還元法**を用いている棚卸資産について行なわれます。売価還元法で評価している棚卸資産は、売価がわかるだけで繰越資産原価を求めることができるからです。

　たとえば、売値の同じシャツがあれば、サイズや色などの種類が違っていても、種類ごとにそれぞれいくつあるかは記録せずに「1,000円のＴシャツ×60着＝60,000円」などと記録します。

　これに対して、売価還元法以外の評価方法を用いている棚卸資産の場合は、種類ごとに実際の数を数えて棚卸資産台帳などと照合すること（これを**単品棚卸**といいます）になります。

◎金額棚卸と単品棚卸の比較◎

	金額棚卸	単品棚卸
調査内容	金額	金額・数量
調査対象	売価還元法で評価している棚卸資産	売価還元法以外の方法で評価している棚卸資産
長　所	調査に要する労力や時間が少ない	数量管理が可能
短　所	数量管理が不可能	調査に要する労力や時間が多い

　単品棚卸で種類ごとに数える棚卸資産の単位をＳＫＵ（Stock Keeping Unit）といいます。流通業の場合、ＳＫＵは、具体的にはＪＡＮ（Japan Article Number）コード（商品にバーコードとともに表示されている49または45で始まる13桁の日本の共通商品コード）を１つのＳＫＵとして管理されることが多いようです。

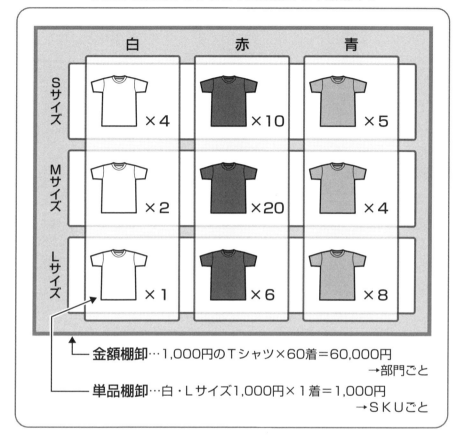

◎数量を確定させるときの金額棚卸と単品棚卸◎

金額棚卸…1,000円のTシャツ×60着＝60,000円
　　　　　　　　　　　　　　　　　→部門ごと
単品棚卸…白・Lサイズ1,000円×1着＝1,000円
　　　　　　　　　　　　　　　　　→SKUごと

　SKUごとに数量を把握すると、たとえば、シャツの在庫は十分であっても、そのなかの白のLサイズのシャツが残り1着で品切れ間近だということや、赤の長袖シャツは6か月間販売実績がなく流行遅れの可能性があるということなどを把握することができます。

　このように、SKUごとに数量を把握することによって、売れ行きのよい商品の在庫量を増やすなど適切な事業運営に資することになるほか、売れ行きの悪い商品については、値下げをするなどして販売を促進し、不良在庫を減らすための対策を行なえるようにもなります。

　実地棚卸は、会計面での必要性だけでなく、事業の管理や効率の観点からも重要なものとなっているわけです。

7-4 実地棚卸の際に準備するもの

マニュアルなどを制定・準備しておく

　実地棚卸を実行するにあたっては、まず**実地棚卸マニュアル**（または**実地棚卸要領**など）を制定する必要があります。ただし、これらを制定するには、自社の**棚卸資産管理規程**（または、棚卸資産の管理方法などが盛り込まれた**経理規程**）が必要です。なぜなら、棚卸資産の評価方法、評価替えの基準、廃棄の基準などが決まっていなければ、実地棚卸の方法も定まらないからです。

　また、実地棚卸を行なうには、多くの人員や労力が必要であるだけでなく、会社全体で協力体制をとり、場合によっては取引先への協力を要請する必要もあります。

　そこで、実地棚卸マニュアルを制定したら、それらを取締役会に諮り、内容をよく吟味したうえで承認を受けることが必要です。トップマネジメントの承認を受けることで、実地棚卸に協力的でない部署が現われないようにして、全社体制で臨むことができるようにしておきましょう。

　なお、実地棚卸マニュアルには、主に次のような内容を盛り込んでおきます。

---
①目的　　　　②実施責任部署・実施責任者
③実施日程　　④対象とする棚卸資産の範囲
⑤準備の方法・実施方法・集計の方法・評価の方法

　そして、実地棚卸マニュアルのほかに、確認した結果を記載する**棚卸原票**（最近はハンディ端末で集計を行なうこともあります）、棚卸にもれがないかといったことを確認するための**棚卸原票管理表**、**棚卸資産の配置図**、**スケジュール表**、**役割分担表**などを適宜用意します。

　また、実地棚卸には厳格な処理が求められるので、事前に社員に対して十分な説明をしておくことが必要です。特に、実地棚卸については、

◎実地棚卸を行なう前に必要なこと◎

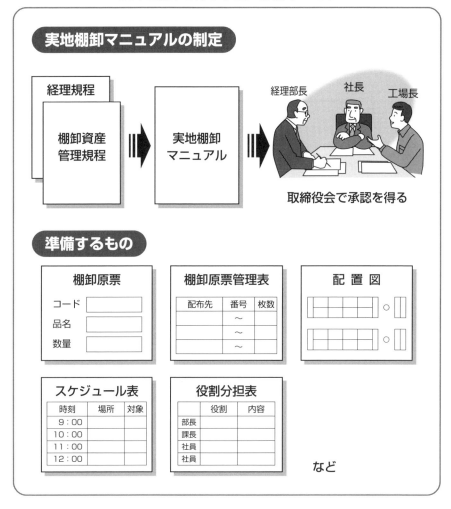

　単に作業を指示するということではなく、会社の重要な情報を調査するという意義を理解してもらうようにすることと、確実に実地棚卸が行なえるよう十分にスケジュールを練って臨むよう協力を依頼することが肝要です。

　なお、最近は実地棚卸の外注が普及しているようです。実地棚卸を専門の会社に外注する場合も、事前に十分な打ち合わせを行なう必要があります。

7-5 実地棚卸を実施する際の注意点

実地棚卸に向けて日ごろから行なっておくこと

　実地棚卸を実施するにあたっては、前項のような準備を行なうだけでなく、棚卸が円滑に遂行できるよう日常の業務のなかでも準備や整理をしておくことも大切です。具体的には、次のようなことをあらかじめ行なっておきます。

①どこに何があるか、わかりやすくなるように表示しておく
②同じものは同じ場所にそろえるようにしておく
③数えやすくなるように棚卸資産を整理整頓しておく
④容器などを活用し、10個単位や1ダース単位などでまとめておく。
　単位未満のものは容器から出しておく
⑤空き箱など、不要のものは倉庫や売り場には置かない
⑥販売済みであるものの未発送といった、棚卸から除外するものは
　明確に表示しておく
⑦仕入先や販売先に、一時的に業務が停止する旨を伝えておく

実地棚卸当日と終了後に行なうこと

　実地棚卸の当日は、スケジュールにしたがって作業が終了するように、集中して取り組みます。実地棚卸の管理者は、1時間〜2時間おきに進行状況を確認し、遅れが出ている場合には救援社員を補充するなどして、遅れを補うようにしましょう。

　実地棚卸の最後には、調査箇所にもれはないか、または、重複して調査していないかなどを確認し、作業を終了します。必要があれば、店舗や倉庫をもとの状態に復旧します。

　なお、棚卸資産のなかには、積送品（2－11項参照）や倉庫会社へ預けているものなど、会社のなかにはない棚卸資産もあります。このよう

◎実地棚卸を行なうときのポイント◎

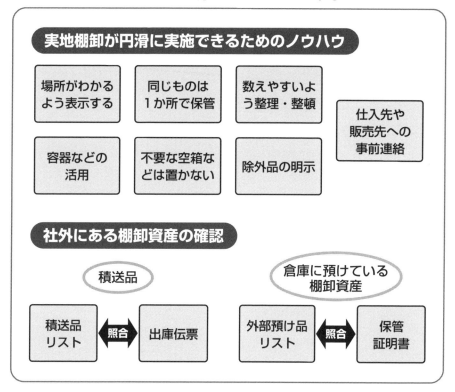

な場合、積送品については積送品リストと出庫伝票等を照合し、倉庫会社に預けてある棚卸資産は外部預け品リストと倉庫会社が発行する保管証明書を照合する方法で確認を行ないます。

　実地棚卸が終わったら、集計を開始し差異の調査をします。差異が大きい場合は、調査もれや重複がないかなどを確認し、原因を究明します。また、作業をした人から作業に関する改善点がないかなどの聞き取りを行ない、それを記録しておいて、次回の実地棚卸に向けて活用できるようにしましょう。

　実地棚卸を行なうなかで、棚卸資産のなかから破損したり汚損したりしているなどの不良品が見つかることがあります。これらは、決められた基準にしたがって、返品、廃棄、値下げして販売するなどの処理を行ないます。

7-6 一斉棚卸と循環棚卸

会社によっては循環棚卸の検討を

　実地棚卸は、利益を確定することが目的であることから、会計期間の末日に行なうべきものです。しかし、事業規模が大きな会社の場合、会計期間の末日に全社で一斉に実地棚卸を行なうこと（これを**一斉棚卸**といいます）が物理的に困難な場合もあります。そのため、会計期間の末日以外の日にも実地棚卸を行なっている会社も少なくありません。

　具体的には、調査する棚卸資産をいくつかに分け、数回にわたって実地棚卸を行なうという方法です。この場合、会計期間の末日以外の日に実地棚卸を行なった棚卸資産については、実地棚卸を行なった日から会計期間の末日までに受払いした棚卸資産の数量や金額を加減算し、それを会計期間の末日の棚卸資産の数量または価額とします。

　実地棚卸の実施日を分散する場合、会計期間の末日を迎える1か月程度前から数回に分けて行なう会社と、1つの会計期間に均等に分散する会社があります。前者の場合、実地棚卸は分散して行なうものの、考え方は一斉棚卸に近いものです。一方、後者は実地棚卸を完全に分散させる方法で、「**循環棚卸**」（Cycle Count）といいます。

　たとえば、会計期間が1年で4つの店舗をもつ小売店が循環棚卸を行なう場合、1店舗ずつ3か月ごとに実地棚卸を行なえば、12か月ですべての店舗の実地棚卸を行なうことができます。

　そして、この小売店が、実地棚卸を行なう間隔を1.5か月に短縮すれば、6か月ですべての店舗の実地棚卸を行なうことができます。製造業の場合でも、倉庫を4つに区切ることで、同様に循環棚卸を行なうことができます。

　一斉棚卸と循環棚卸は、それぞれに長所と短所があるので、会社の方針や事業の種類・規模に合わせて適切な方法を選択することが大切です。

　ただし、循環棚卸を行なう会社は、単に棚卸を行なうだけでなく、棚卸資産の状態に問題はないか、不要な棚卸資産や不足する棚卸資産はな

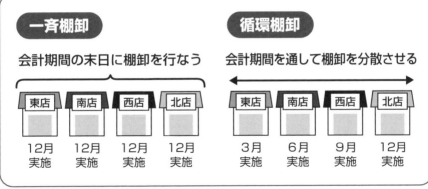

◎一斉棚卸、循環棚卸の長所・短所◎

	長　所	短　所
一斉棚卸	●調査結果の信頼性が高い	●調査のための労力が一時期に集中し、コストが割高となる ●事業を停止するなどの支障が出やすい ●差異分析や調査に割く時間が少ない
循環棚卸	●調査のための労力を分散できるので、コストを節約できる ●差異分析や調査のための時間を取りやすい ●業務への支障が少ない	●会計期間の末日の数量や金額を求めるためには、調査結果に修正が必要となる

いか、事業の方法に問題はないか、といった**業務改善**に活用することも棚卸の目的に加えていることがあります。このような改善項目のあぶり出しは、短期間で行なう一斉棚卸では難しいものであり、業務改善の検討を頻繁に行なうことができる循環棚卸の長所ともいえます。

　なお、税務上も「業種、業態および棚卸資産の性質等に応じ、その実地棚卸しに代えて部分計画棚卸しその他合理的な方法により当該事業年度終了のときにおける棚卸資産の在高等を算定することとしている場合には、継続適用を条件としてこれを認める」（法人税法基本通達5-4-1）として、一斉棚卸だけでなく循環棚卸を行なうことも認めています。

7-7 5SとSNPの活用

棚卸資産の管理に必要な手法

　実地棚卸が円滑に遂行できるよう日常業務のなかでも準備や整理することが大切ですが（7－5項参照）、その具体的な方法についてみていきましょう。

　1つめは「5S」です。5Sとは、日本の製造業で始まった改善活動で、「整理」「整頓」「清掃」「清潔」「躾」の頭文字のSから名づけられました。ただし5Sでは、それぞれの言葉は次のような活動を指します。

整理	不要なものを捨てること
整頓	棚卸資産を決められた場所におき、すぐに取り出せる状態にしておくこと
清掃	棚卸資産の保管場所の清掃を行ない、つねにきれいにしておくこと
清潔	整理・整頓・清掃を維持すること
躾	ルール・手順を守る習慣を定着させること

　この活動を行なうことで、内部統制の目的（6－1項参照）の1つである「業務の有効性および効率性」に資するほか、事業に直接携わっている人たちの改善活動への関心を高める副次的な効果を得ることにもなります。

　2つめは、**容器の統一**です。ほぼ同じ大きさの棚卸資産を統一した容器に入れて保管すると、実地棚卸の効率が高まります。たとえば、ある製品が20個入る容器が5つあると、その製品は100個あることがすぐにわかります。これは、実地棚卸のときだけでなく、受注して出庫するときの効率も高まります。このような収納数を統一して容器に保管する考え方を「SNP」（Standard Number of Package）といいます。

　5SとSNP以外にも、棚卸資産の管理方法を改善するための手法はたくさんあります。そして、棚卸資産の管理については、単に会計的な

◎5Sとは？ SNPとは？◎

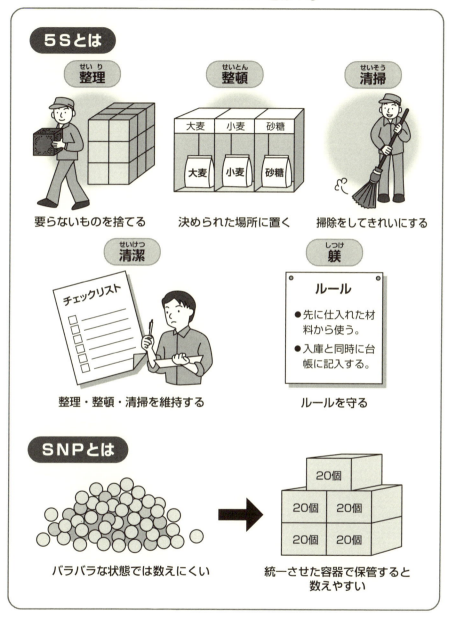

側面だけから検討せず、事業の効率性や従業員のスキルアップなどを加えて多面的な検討を行なうことが大切です。

資産の保全と内部統制

　7章の本文では、内部統制や実地棚卸の目的について、会計的な観点、すなわち財務報告の信頼性を中心に説明しましたが、棚卸資産を含む「**資産の保全**」も重要な目的の1つです。

　残念ながら、役員や従業員による不法な行為はしばしば起きており、それによって会社は資産を失ってしまいます。わかりやすい例では、会社の保有する棚卸資産を従業員が社外に持ち出し、それ自体を自分のものとしたり、他者に売却してその代金を自分のものにしたりすることです。

　また、積極的に不法な行為を行なおうとしていなくても、自分が管理している棚卸資産を誤って壊したり紛失したりしてしまい、それを隠そうとした場合も、結果として適切な処理が行なわれなくなります。

　いずれにしても、会社の資産を守るという観点からも、**内部統制の役割は大きい**といえます。

　一方で、内部統制の導入や運用には費用がかかるという理由で否定的な考え方をする経営者も少なからず見られます。このような経営者は、「いままで大きな不正は起きてこなかったので、改めて内部統制を導入しなくても大丈夫だろう」という考え方をもっているようです。

　たしかに、内部統制という言葉が日本に広まる以前から、多くの会社では、不正が起きないようにする対策はある程度はとられてきており、また、中小企業では役員と従業員の間での信頼関係が強いということから、前述のような考え方がもたれるのだと思います。

　その一方で、信頼していた従業員が不正を行ない、思わぬ損害を会社に与えたという例も、後を絶ちません。リスクが顕在化していないというだけで、実際には、内部統制を導入・運用するための費用の何倍もの大きな損害が起きるリスクを常に抱えているのかもしれません。

　会社の大切な棚卸資産を保全するという観点から、内部統制の導入は積極的に行なうべきものと私は考えています。

8章

棚卸資産に関する特殊な取扱い

国際的な会計基準との関連などもみていきましょう。

8-1 IFRSと棚卸資産会計基準との関係

IFRSとはいったい何か

　棚卸資産に関する特殊な取扱いについても知っておきましょう。まず、**国際財務報告基準**（**IFRS**：International Financial Reporting Standards）の棚卸資産に関する規定についてです。

　「IFRS」は、英国のロンドンにある国際会計基準審議会（IASB：International Accounting Standards Board）が定めた会計基準です。IFRS以外にも、IASBの前身であった国際会計基準委員会（IASC：International Accounting Standards Committee）が定めた**国際会計基準**（**IAS**：International Accounting Standards）というものもあります。

　このIASの一部は現在も有効であることから、IFRSはIASを含む総称として使われることがあります。このようなことから、日本でも、IFRSは国際財務報告基準だけではなく、広い意味での国際会計基準を指す場合もあるようです。

　このようなIFRSが定められた背景には、国際的な経済活動が広まりつつあるなかで、それぞれの国で定められていた会計基準も国際的なものに統一すべきという考え方の広まりがあります。そのため、現在、欧州連合（EU）に属する国の上場会社は、IFRSの適用が義務づけられています。

　米国や日本においても、IFRSに収斂させようとする動きがあり、日本の会計基準もIFRSの考え方に合わせるための見直しが漸次行なわれています。平成18年に、棚卸資産会計基準が定められたこともその一環です。さらに、平成22年３月期から、国際的な財務・事業活動を行なっている上場企業に対して任意に適用することが認められ、将来は、適用を義務づけることも検討されています。したがって、日本の会社であってもIFRSの影響を受ける会社は少なくないことから、**IFRSへの対応を準備することが望ましい**といえるでしょう。

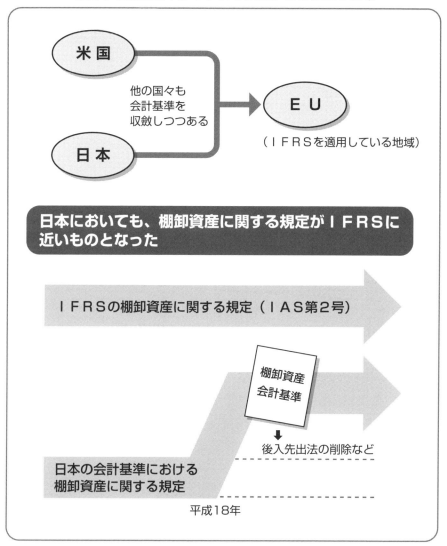

　なお、IFRS(広義)では、IAS第2号において、棚卸資産に関して規定しています。平成18年に定められた棚卸資産会計基準も、それまでの日本における棚卸資産に関する会計基準よりIFRSに近いものとなっていますが、相違する点もあり、相違点については次項で説明します。

8-2 IFRSと棚卸資産会計基準の相違点

範囲や取得原価の取扱いなどが異なる

まず、**棚卸資産の範囲**については、棚卸資産会計基準では販売活動および一般管理活動において短期間に消費される事務用消耗品等を含めていますが、IFRSではこれらは含まれていません。

次に、**取得原価**については、棚卸資産会計基準では仕入割引は営業外収益として処理しますが、IFRSでは仕入割引は取得原価から控除することとしています。

時価については、棚卸資産会計基準とIFRSで実質的な相違はありません。厳密には、IFRSでは、取得原価と正味実現可能価額のいずれか低いほうの価額を貸借対照表価額とすると定めています。

正味実現可能価額＝予想売価－
　（完成するまでに要する見積り原価＋販売に要する見積り費用）

この式からもわかるように、正味実現可能価額は、棚卸資産会計基準での正味売却価額と実質的に同じものを指します。

評価方法（IFRSでは、原価配分方法・原価測定方法）についても、棚卸資産会計基準とIFRSには大きな違いはありません。ただし、棚卸資産会計基準では、最終仕入原価法を限定的に認めていますが、IFRSでは認めていません。

評価損の戻入れについては、IFRSでは切放し法の概念はなく、正味実現可能価額の増加が明らかになった場合などに、当初の評価減の額を限度として戻入れを行ないます。

また、棚卸資産会計基準では、営業循環過程からはずれた棚卸資産について、規則的に帳簿価額を切り下げる方法を示していますが、IFRSにはこれに相当するものはありません。

以上が、棚卸資産会計基準とIFRSの主な相違点です。将来、IFRSの適用を検討している会社は、IFRSに合わせて経理規程などを整備していくことが必要です。

◎棚卸資産会計基準とIFRSを比較すると◎

項　目	棚卸資産会計基準	IFRS
棚卸資産の範囲	事務用消耗品等を含む	事務用消耗品等は含まない
取得原価	仕入割引は営業外収益として処理する	仕入割引は取得原価から控除する
時価	正味売却価額	正味実現可能価額（正味売却価額と同義）
評価方法	最終仕入原価法を限定的に認めている	最終仕入原価法は認められない
評価損の戻入れ	切放し法と洗替え法を選択し適用する	一定の場合、戻入れを行なう
営業循環過程からはずれた棚卸資産	規則的に帳簿価額を切り下げる方法を認める	規定なし

8章　棚卸資産に関する特殊な取扱い

棚卸資産会計基準（日本）の棚卸資産の範囲
- 販売を目的として保有しているもの
- 生産過程にあるもの
- 原材料、貯蔵品
- 事務用消耗品

IFRS（IAS第2号）の棚卸資産の範囲
- 販売を目的として保有しているもの
- 生産過程にあるもの
- 原材料、貯蔵品

8-3 トレーディング目的で保有する棚卸資産の取扱い

トレーディング目的で保有する棚卸資産とは何か

「トレーディング目的で保有する棚卸資産」とは、活発な市場が存在することを前提として、市場価格の変動により利益を得ることを目的として保有する資産をいいます。具体的には、商品取引所で取引できる商品で、金・プラチナ・原油・ガソリン・ゴム・大豆・とうもろこしなどです。

これらのトレーディング目的で保有する棚卸資産は、**取引市場が存在している**という点で、株式や国債などの有価証券の取扱いと取引のしかたが類似していることから、両者の会計処理も共通しています。

両者の代表的な共通点は「評価基準」です。トレーディング目的で保有する棚卸資産の評価基準は、市場価格（取引所の価格）にもとづく価額を貸借対照表価額とする**時価基準**（3-1項参照）です。

「時価基準」では、市場価格と帳簿価額との差額（これを**評価差額**といいます）は、その会計期間の収益または費用（「**棚卸資産運用益**」または「**棚卸資産運用損**」）として処理します。

通常の販売目的で保有する棚卸資産の評価基準は、低価基準が原則なので、時価が取得原価を上回っていても取得原価を貸借対照表価額とする点で、トレーディング目的で保有する棚卸資産とは会計処理が異なります。

評価差額の戻入れの方法

このように、トレーディング目的で保有する棚卸資産に時価基準が適用されるのは、通常の販売目的で保有する棚卸資産は生産活動によって価値を生み出すことが保有の目的であるのに対し、トレーディング目的で保有する棚卸資産は、市場価格の値上がりを狙うことが保有の目的であるからと考えられます。

一方、トレーディング目的で保有する棚卸資産の評価差額の戻入れに

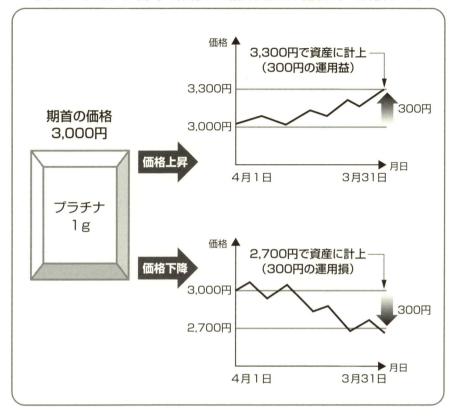

ついては、通常の販売目的で保有する棚卸資産と同様に、翌期の期初に戻入れをする「洗替え法」と、戻入れを行なわない「切放し法」があります。

洗替え法の場合は、棚卸資産運用損が発生したとき（評価差額がマイナスのとき）だけでなく、棚卸資産運用益が発生したとき（評価差額がプラスのとき）も、戻入れを行ないます。

トレーディング目的で保有する棚卸資産を保有する会社は、継続して適用することを条件に、洗替え法と切放し法のいずれかを選択して適用します。

8-4 工事契約に関する会計処理の注意点

工事の進捗部分には正価の確実性が認められるか

2-4項で説明した「工事契約に関する会計処理」に関して、注意すべき点があります。

たとえば、建設会社が請け負っている工事について、対象の工事が完成に至っていないものの完成が確実である場合は、**工事進行基準**を適用しますが、そのためには進捗部分について**成果の確実性**が認められなければなりません。

「成果の確実性」は、工事収益総額、工事原価総額、および会計期間の末日時点での工事進捗度について信頼性のある見積りが行なわれることが必要です。これらの見積りとは、具体的には次のようなことを指します。

工事の完成の見込み	工事を完成させる十分な能力が会社にある。工事の完成を妨げる環境要因が存在しない。
工事収益総額	対価の額、決済条件、決済方法などの対価の定めがある。
工事原価総額	工事原価の見積りと実績を対比することにより、適時・適切に見積りの見直しが行なわれている。
工事進捗度	工事進捗度を見積もる方法として原価比例法を採用している(原価比例法とは、ある工事の工事原価総額に対するその時点までに発生した工事原価の割合を工事進捗度とする方法)。

なお、「工事原価総額」は、当初の見積りより大きくなり、「工事収益総額」を超え、赤字の工事となってしまうことがあります。

この場合、工事原価総額が工事収益総額を上回る金額を、**工事損失**といいます。「工事損失」は、それが判明した時点で、会計処理を行ない

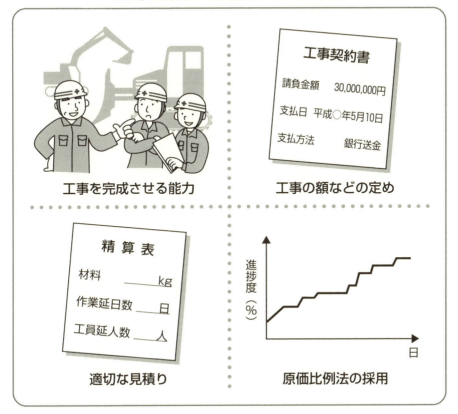

ます。

　例を示すと、工事損失が100万円であると見積もられたときの仕訳は、次のとおりとなります。

| (借方) 工事原価 1,000,000円　(貸方) 工事引当金 1,000,000円 |

　この工事損失のうち、すでに支払われている部分があるときは、その部分は差し引いて「工事引当金」を計上します。

　また、詳細な説明は割愛しますが、工事引当金に計上した損失は、税務上、必ずしもすべて損金に算入できるとは限らない点に注意が必要です。

8-5 工事契約に関する税務の取扱い

長期大規模工事は工事進行基準を適用する

　8−4項で説明した工事契約に関する会計上の取扱いに関し、税務上の取扱いとの異なる点についてみておきましょう。

　税務上、**長期大規模工事**については、工事進行基準で会計処理を行なうことを義務づけています。税務上定義される長期大規模工事とは、次の3つの要件を満たす工事契約です。

> ①工事期間が1年以上
> ②請負対価の額が10億円以上
> ③請負対価の2分の1以上が、引渡しの期日から1年を経過する日に支払われることが定められていない

　もし、請負対価の額が、その契約をしたときの会計期間の末日までに確定していない場合は、その時点で見積もられる工事の原価の額をその請負の対価の額とみなします。

　逆に、長期大規模工事に該当しない工事契約について、工事進行基準以外の基準を適用しており、契約後に請負対価が引き上げられ、長期大規模工事に該当することとなった場合は、工事進行基準を適用して、それまでの収益と費用の額の計上を引渡しのときまでに繰り延べることができます。

　一方、長期大規模工事に該当しない工事契約は、工事進行基準の適用も認められていますが、その場合は、着工した日の属する会計期間から引渡しの日の属する会計期間の前の会計期間まで工事進行基準を継続して適用することが条件です。

　なお、着工の日に請負の対価が確定していないときは、確定した日を着工の日とすることができます。

　また、会計期間の末日で、工事に着手して6か月を経過しておらず、

◎長期大規模工事の取扱いと特例◎

長期大規模工事 …工事進行基準で会計処理する

【3つの要件を満たすもの】

❶ 工事期間が1年以上

スケジュール表
29年3月　　30年6月
スタート　　ゴール

❷ 請負対価が10億円以上

工事契約書
請負契約額
2,500,000,000円

❸ 請負対価の2分の1以上が1年を超えて支払われない

支払条件
着工時　　500,000,000円
完成時　1,000,000,000円
3か月後　1,000,000,000円

【初期段階の工事の特例】

着手して6か月未満
かつ
進捗度20％未満
↓
収益と費用はないものとすることができる

進行割合
20％
28年11月　　29年3月
　　　　　会計期間の末日

かつ、工事進行基準による進捗度が20％未満の長期大規模工事については、その収益と費用はないものとすることができます。

8-6 販売用不動産に関する会計処理の注意点

「支払利息」は原価か？ 非原価か？

　4−2項で、支払利息は**非原価**（期間費用）に含まれると説明しました。「非原価」は、事業の直接の対象である棚卸資産を製造したり販売したりするために発生する費用ではなく、事業を支える活動にともなって発生する費用です。

　支払利息は、融資を受けることによって発生するものですが、融資のうち設備資金は当然に非原価であり、いわゆる運転資金もそれぞれの棚卸資産との連関が薄いため、一般的に支払利息は非原価と考えることが妥当です。

　しかし、**販売用不動産**（2−5項参照）については、それを購入するたびに融資を受けること（いわゆる「プロジェクト融資」）が多く、その場合、個々の販売用不動産と融資契約が紐づけできる状態にあるといえます。

　また、個々の販売用不動産の収益管理を行なう観点からも、プロジェクト融資の支払利息を原価として管理することが一般的です。

　このような状況に鑑み、明文規定はないものの、支払利息とその対象となる販売用不動産との因果関係が明確な場合は、「原価」（取得原価）とすることが許されています。

　一方で、税務上もこれと同じ会計処理が認められていると解釈されていますが、逆に、次の費用は取得原価に算入しないことが認められています（法人税法基本通達5−1−1の2）。

①不動産取得税、固定資産税および都市計画税、特別土地保有税の額
②登録免許税その他登記または登録のために要する費用
③借入金の利子

◎販売用不動産に関する会計処理のしかた◎

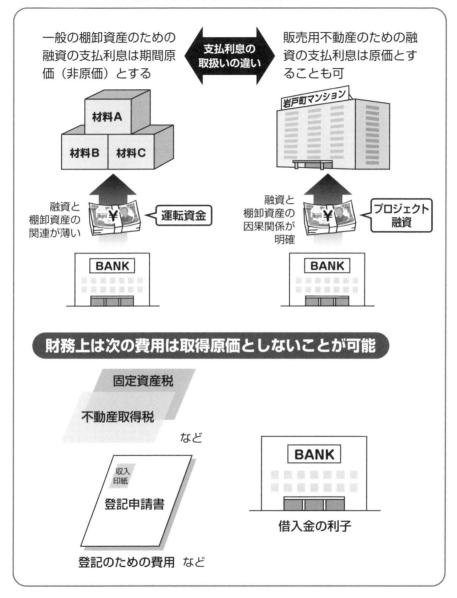

　収益管理の観点からは、これらは取得原価として取り扱うことが妥当と考えることができますが、事務処理の煩雑さを避ける観点から、これらを取得原価に含めずに処理する会社もあるようです。

8-7 販売用不動産の時価とは

販売見込額の算定には要注意

2-5項で、販売用不動産についても、評価基準は低価基準が適用されると説明しましたが、不動産は同一のものがなく、地域特性にも左右されやすいなど、一般的な棚卸資産とは性格が異なることから、販売見込額（時価）の算定には注意を要します。

具体的には、販売用不動産の販売見込額を求める際には、次のような資料などをもとに評価することが求められます。

①不動産鑑定士による鑑定評価
②公示価格、基準地価格、路線価、固定資産評価額
③近隣の取引事例
④収益還元価額

これらのうち「収益還元価額」とは、その不動産から得られる見込みの収益を現在価値に割り引いて評価する方法（**収益還元法**）で求められる評価額で、賃貸用マンションやテナントビルなどに用いられます。

評価のしかたについては上述のとおりですが、販売用不動産には、開発の有無、建物の有無、新築または中古など、さまざまな状態のものがあることから、その状態にあわせて最適な評価を行ないます。

また、いったん採用した評価方法は、毎期継続して適用することが原則です。

簿価を切り下げるときの方法

販売用不動産についても、「簿価切下げ」については、翌期に切下額の戻入れを行なう方法（洗替え法）と戻入れを行なわない方法（切放し法）のいずれかを選択することができます。

しかし、一般的に不動産、特に建物については、価額が回復すること

◎販売用不動産に関する取扱い◎

販売用不動産の評価の根拠となる資料

- 鑑定評価
- 公示価格 基準地価格 など
- 近隣の取引事例
- 収益還元価額

など

自社で使用する不動産と販売用不動産の保有目的変更の要件

- 事業計画の取締役会等での承認

かつ

- 経済的合理性

は少ないことから、洗替え法を用いて正味売却価額が前期より上昇する場合は、しっかりとした評価の裏づけ資料を用意する必要があります。

保有目的を変更するときの取扱い

また、不動産会社が自社で使用していた不動産（固定資産）を販売用不動産（棚卸資産）へ保有目的を変更したり、あるいは、この逆のことを行なったりすることがあります。

このうち、自社で使用していた不動産を販売用不動産へ保有目的を変更するときは、固定資産の会計基準にしたがって評価したうえで、その価額で棚卸資産に振り替えなければなりません。

なお、保有目的の変更にあたっては、それに関する事業計画が取締役会などで承認されていること、および、保有目的の変更に経済的合理性があることが求められているので、注意が必要です（「経済的合理性」とは、論理的に判断して経済的な利益が得られる状態であることを指します）。

8-8 FOB、CFR、CIFとは何か

貿易取引の際の建値を表わす代表的なもの

　商品や製品の売買については、国内だけでなく、海外との貿易取引が行なわれることがあります。貿易取引を行なうにあたっては、多くの独自の慣行や会計処理がありますが、ここでは、**建値**（Price Quotation）について説明しておきましょう。

　貿易取引の際に使われる「建値」とは、海上運賃、保険料などのいくつかの条件にもとづいた価格の決め方をいいます。

　これは、**国際商業会議所**（ＩＣＣ：International Chamber of Commerce）が定めた、貿易の取引条件などに関する規則である**インコタームズ**（Incoterms：International Commercial Termsを省略したもの）で定義されています。

　建値には多くの種類がありますが、これらのなかで代表的なものは、**ＦＯＢ**（Free On Board）、**ＣＦＲ**（Cost and Freight。「Ｃ＆Ｆ」と表記されることもあります）、**ＣＩＦ**（Cost, Insurance and Freight）の3つです。

ＦＯＢ	売主が輸出地の港で船に荷物を積み込むまでの費用を負担する条件での価格。それ以降の費用および危険負担は買主が負担する。「本船渡」ともいう。
ＣＦＲ	売主が輸出地の港で船に荷物を積み込むまでの費用と海上運賃を負担する条件での価格。それ以降の保険料および危険負担は買主が負担する。「運賃込」ともいう。
ＣＩＦ	売主が輸出地の港で船に荷物を積み込むまでの費用、海上運賃と保険料を負担する条件での価格。船積後の危険負担は買主が負担する。「運賃保険料込」ともいう。

　ここでいう「危険負担」とは、荷物（棚卸資産）が紛失したり毀損したりしたときに、それを償う義務を負うことを指します。

　そして、たとえば、ある荷物（棚卸資産）を横浜港で船積みし、ニュ

◎建値に関する取扱い◎

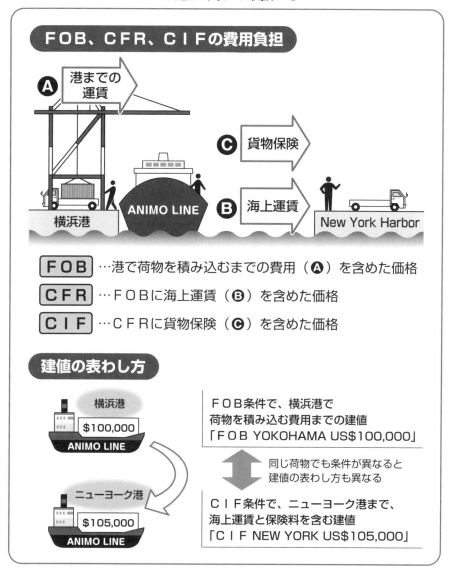

ーヨーク港まで送るとします。この荷物（棚卸資産）を建値で表わすと、FOBの条件で代金が米国通貨10万ドルのときは、「FOB YOKOHAMA US$100,000」と表わします。CIFの条件で代金が米国通貨10万5,000ドルのときは、「CIF NEW YORK US$105,000」と表わします。

8-9 貿易取引における棚卸資産の移転

建値の種類ごとに海上運賃等の負担者は変わる

前項で貿易取引における建値について説明しましたが、それでは貿易取引のどの時点で売主から買主に荷物（棚卸資産）が移転するのでしょうか？

それを明らかにするために、建値ごとに、海上運賃・保険料・危険負担を誰が負担するのかを一覧にすると下表のようになります。

	項目	輸出地	船上	輸入地
FOB	海上運賃	売主	買主	買主
	保険料	売主	買主	買主
	危険負担	売主	買主	買主
CFR	海上運賃	売主	売主	買主
	保険料	売主	買主	買主
	危険負担	売主	買主	買主
CIF	海上運賃	売主	売主	買主
	保険料	売主	売主	買主
	危険負担	売主	買主	買主

いずれの建値においても、船上に荷物（棚卸資産）が置かれた時点で、危険負担は買主に移ります。

CIFの場合は少しややこしいのですが、輸送中の保険料は売主が負担していても、危険負担は船上で買主に移ります。売主が輸送中の保険料を負担するのは、売主に危険負担があるからではなく、買主のために売主が保険の契約をしているということです（実務的には、CIFの条件では船の手配も含めて売主が行ないます）。

そして、会計の観点からは、危険負担が買主に移った時点で、荷物（棚卸資産）も買主に移ったと考えることが妥当です。ただし、インコター

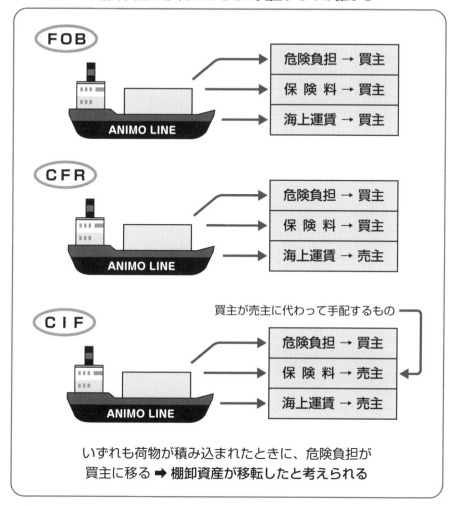

　ムズでは、荷物の危険負担がどの時点で移るのかというところまでは規定していますが、荷物の所有権がいつ移転するのかというところまでは規定していません。

　したがって、前述の3つのどの建値においても、荷物（棚卸資産）が船上に置かれた時点、すなわち売主が船会社から船荷証券を受け取った時点で、売主は売上を計上し、買主は未着品（2-11項参照）を計上します。

建設業の勘定科目

　建設業では、仕掛品に相当するものとして、**未成工事支出金**が使われると本文で説明しました（2-4項、2-8項参照）。

　建設業では、未成工事支出金以外にも、下表の左の列の一般的な科目に相当する特殊な勘定科目が使われています。

一般的な勘定科目	左の勘定科目に相当する建設業の勘定科目
売掛金	完成工事未収入金
買掛金	工事未払金
前受金	未成工事受入金
売上高	完成工事高
製造（売上）原価	完成工事原価

　どのような勘定科目を使うかということについては、会社が独自に決めることになっていますが、多くの会社ではその業界の慣習に従った勘定科目を使っています。

　そのため、建設業に携わっていない人が建設業の財務諸表を見ると、「これはどういう科目？」と感じてしまうことでしょう。

　こういった特殊な勘定科目は、建設業だけでなく運送業など他の業種にも存在します。

　とはいえ、複数の業種をまたがって会計の知識が必要になる人は、会計士、税理士、銀行職員、投資家など一部の人にとどまり、一般的には自分がかかわる業界だけの知識をもっていれば、問題となることはないでしょう。

　ただし、業種ごとの特殊な勘定科目を知っておくことは、その業種の独特の慣習を知るきっかけにもなります。興味のある人は、自社の属する業界以外の業種の勘定科目についても学習されてみてはいかがでしょうか。

さくいん

数字・英字

5 S	156
A B C	110
C F R	174
C I F	174
F O B	174
I A S	160
I C C	174
I F R S	160、162
S K U	148
S N P	156

あ

洗替え法	68
一斉棚卸	154
移動平均法	84
インコタームズ	174

か

買入部品	44
外注品管理規程	138
開発	38
価格差異	106
加工費	101
貸方原価差額	114
加重平均	64
価値連鎖分析	92
活動基準原価計算	110
管理会計	109
期間費用	96
キャッシュフロー	142
強制評価減	36
共通固定費	128
業務分掌規程	138
切放し法	68
金額棚卸	148
組別総合原価計算	102
グリーン購入規程	138
繰越資産原価	140、146
継続記録法	140
経理規程	136、150
原価	96
限界利益	108、128
原価計算	94
原価計算基準	94
原価差異	106、114
原価差額	114
原価比例法	166
原価法	52、116
研究	38
研究開発費等会計基準	38
原材料	44
現実的標準原価	104
検収マニュアル	138
原料	44
恒久棚卸法	140
貢献利益	128

工事完成基準	34	実現主義	50
工事契約会計基準	34	実際原価計算	104
工事原価	34	実地棚卸	22、140、144、152
工事進行基準	34、166	実地棚卸マニュアル	138、150
工事損失	166	事務用消耗品	44
工場用消耗品	44	収益還元法	172
工程別総合原価計算	103	出荷マニュアル	138
購入代価	54	取得原価	54、112
購買管理規程	138	取得原価基準	52
国際会計基準	160	主要原材料	44
国際財務報告基準	160	循環棚卸	154
国際商業会議所	174	譲渡可能価額	122
固定資産	16	商品	18、40
固定費	108	正味運転資金	26
個別原価計算	100	正味売却価額	60、62、72、118
個別固定費	128	消耗工具器具備品	44
個別実際原価計算	104	職務権限規程	138
個別法	80		
		数量差異	106

さ

財貨	28	正常原価	104
在庫管理マニュアル	138	製造間接費	98
最終仕入原価	74	製造経費	96
最終仕入原価法	88	製造原価	54
再調達原価	74、118	製造指図書	100
財務会計	109	製造直接費	98
材料	18、44	製品	18、40
材料費	96	製品別計算	100
先入先出法	82	積数	102
作業くず	46	積送品	48
		全部原価計算	108
時価	58、118		
仕掛品	18、42	総合原価計算	100、102
時価基準	52	総合実際原価計算	104
資産の保全	158	総平均法	84
自製部品	44	ソフトウェア	38
仕損品	46		

た

建値	174
棚卸	140、144
棚卸計算法	140
棚卸原票	150
棚卸原票管理表	150
棚卸資産	14
棚卸資産運用益	164
棚卸資産運用損	164
棚卸資産会計基準	30、32、162
棚卸資産管理規程	136、138、150
棚卸資産に関する内部統制	132
棚卸資産に関するリスク	134
棚卸資産の意義	14
棚卸資産の管理	22
棚卸資産の定義	18
棚卸資産の範囲	28
棚卸資産の評価	20
棚卸資産の評価基準	52、116
棚卸資産の評価方法	78、116
棚卸資産の保有目的	30
棚卸実施要領	150
単一工程総合原価計算	103
単純総合原価計算	102
単品棚卸	148
中小企業の会計に関する基本要領（中小要領）	124、126
中小企業の会計に関する指針（中小指針）	124、126
長期大規模工事	168
帳簿棚卸	140、144
直接原価計算	108
貯蔵品	44
低価基準	52、60
低価法	52、68、116
定期棚卸法	140
等価係数	102
等級別総合原価計算	102
特定製造指図書	100
取引先管理規程	138
トレーディング	30、164

な

内部統制	25、130、158
燃料	44

は

売価還元低価法	90
売価還元法	86、148
配賦	99
配賦基準	99
発生主義	50
払出原価	78、140、146
バリュー・チェーン分析	92
半製品	42
販売管理規程	138
販売用不動産	36、170、172
引当金	72
引取費用	56
非原価	96
備忘価額	70
評価額の切下げ	66、76
評価差額	164
評価損	122
費用収益対応の原則	96
標準価格	105
標準原価計算	104、106
標準消費量	105

品質管理規程……………………… 138

賦課……………………………………… 99
副産物…………………………………… 46
付随費用………………………………… 56
部品……………………………………… 44
部分品…………………………………… 44

平均原価法……………………………… 84
変動費…………………………………… 108

法定評価方法…………………………… 116
補助原材料……………………………… 44

ま

未成工事支出金…………………… 34、42

未着品…………………………………… 48

や

用役……………………………………… 28
与信管理規程…………………………… 138

ら

理想標準原価…………………………… 104
稟議規程………………………………… 138

連産品…………………………………… 46
連続意見書第四………………………… 18

労務費…………………………………… 96
ロット別個別原価計算………………… 103

六角明雄（ろっかく　あきお）

栃木県出身。岩手大学卒業（経営学、組織論、会計学専攻）。中小企業診断士、ITコーディネータ。地方銀行勤務等を経て、東京都中央区に中小企業診断士六角明雄事務所開設、現在に至る。資金調達支援、事業計画立案支援、幹部育成などの分野で、主に首都圏の会社の支援に携わる。
著書に、『図解でわかる 小さな会社の経営戦略 いちばん最初に読む本』『図解でわかる在庫管理 いちばん最初に読む本』『図解でわかるリースの実務 いちばん最初に読む本』『図解でわかる 小さな会社の経営に活かす会計 いちばん最初に読む本』（以上、アニモ出版）、『ビジネスマンなら知っておきたい 武器になる会計』（秀和システム）がある。

中小企業診断士六角明雄事務所
〒104-0061　東京都中央区銀座7-13-5 NREG銀座ビル1階
電話　050-5539-8814
URL　　http://www.yuushi-zaimu.net/
Podcast http://tsuyoishachou.seesaa.net/
e-mail　rokkaku@yuushi-zaimu.net

図解でわかる棚卸資産の実務　いちばん最初に読む本
2016年5月15日　初版発行

著　者　六角明雄
発行者　吉溪慎太郎
発行所　株式会社アニモ出版
　　　　〒162-0832 東京都新宿区岩戸町12 レベッカビル
　　　　TEL 03(5206)8505　FAX 03(6265)0130
　　　　http://www.animo-pub.co.jp/

©A.Rokkaku2016　ISBN978-4-89795-189-8
印刷：文昇堂／製本：誠製本　Printed in Japan

落丁・乱丁本は、小社送料負担にてお取り替えいたします。
本書の内容についてのお問い合わせは、書面かFAXにてお願いいたします。

アニモ出版　わかりやすくて・すぐに役立つ実用書

図解でわかる
小さな会社の経営戦略
いちばん最初に読む本

六角 明雄 著　　定価 本体1600円(税別)

経営戦略の基本から実際の策定のしかた、実践手法まで、豊富なイラスト図解とわかりやすい解説でやさしく手ほどき。具体的にわからなかったことがスラスラ頭に入ってくる1冊。

図解でわかる
小さな会社の経営に活かす会計
いちばん最初に読む本

六角 明雄 著　　定価 本体1600円(税別)

最低限知っておきたい経営会計の基礎知識から、簡単にできる財務分析・経営戦略の決定まで、"会計は苦手"という中小企業の経営者でも、イラスト図解でやさしく理解できる本。

図解でわかる在庫管理
いちばん最初に読む本

六角 明雄 著　　定価 本体1600円(税別)

在庫管理のしくみと基礎知識からコスト削減、経営戦略まで、図解とわかりやすい解説でやさしく手ほどき。中小企業経営者や在庫担当者、経理担当者、新人社員にもおススメの一冊。

図解でわかるリースの実務
いちばん最初に読む本

六角 明雄 著　　定価 本体1600円(税別)

リース取引に関する法律・会計・税務の基礎知識から、かしこい活用法まで、豊富なイラスト図解とわかりやすい解説でやさしく手ほどき。初めての人でもスラスラ読める決定版！

定価には消費税が加算されます。定価変更の場合はご了承ください。